제11회 수필의 날 기념

2011년 세계 산림의 해

[숲] 에세이

윤재천, 정목일, 지연희 외 지음

수필의 날

수필인의 수필집

초판 발행 2011년 10월 31일

지은이 윤재천, 정목일, 지연희 외
펴낸이 안창현
펴낸곳 코드미디어

북 디자인 Micky Ahn
편집디자인 장민서
교정 교열 황기도, 박동경

등록 2001년 3월 7일
등록번호 제 25100-2001-5호
주소 서울시 은평구 갈현1동 419-19 1층
전화 02-6326-1402
팩스 02-388-1302
전자우편 codmedia@codmedia.com

ISBN 978-89-94178-32-5-03810

정가 12,000원

제11회 수필의 날 기념

2011년 세계 산림의 해

[숲]

에세이

우리와 함께 숨쉬는 숲

우리와 함께 숨쉬는 숲

숲은 생명을 키우는 거룩한 공간

수필의 날 운영위원장
지연희

2011년은 '세계 산림의 해'라고 한다. 이와 같은 뜻 깊은 행사를 기념하여 전국의 수필가들이 대관령 산림 휴양림에 모여 '숲'의 무한한 가치를 체득하고 산과 나무, 숲과 계곡 등 자연 생태계가 보여주는 생명의 힘이 얼마나 소중한가를 체험하게 되었다. 키 작은 풀포기 하나에서 아름드리나무들의 생존의 질서에 고개를 끄떡이지 않을 수 없었다.

전국 수필가들의 잔치 제11회 수필의 날 행사를 개최하고 체험하게 된 대관령휴양림에서의 하룻밤은 숲과 문학이 만나는 소중한 기회이었다. 이제 숲은 눈으로 바라보는 싱그러운 관상의 가치에 머무르지 않고 생명을 가꾸는 공간으로 사람들 생존의 가능성을 안고 가는 불가분의 대상으로 존재한다는 것이다.

밤안개 자욱한 나무숲 사이로 신비스럽게 떠 흐르던 보름달빛의 교교함과 계곡의 우렁찬 물소리는 한 편의 수필을 쓰지 않을 수 없는 무아경에 빠지게 했다. 숲이 전하는 가치만큼 영혼의 맥박을 흔들어 대던 문학의 힘이 오늘 한 권의 수필집으로 결집되어 숲의 아름다움과 만나는 계기를 마련하게 되었다.

한 편 한 편의 수필을 엮어주신 회원들에게 감사하다는 말씀을 드린다. 또한 숲속 하룻밤의 신비에 젖어 문학인의 영혼을 살찌울 수 있게 해주신 산림청의 배려에 감사드리지 않을 수 없다. 숲은 생명을 키우는 공간이며 숲밖의 생명을 끌어안는 거룩한 힘을 지니고 있다는 사실에 우리 모두 숙연해 지지 않을 수 없다. 사람들은 누구나 숲을 그리워하는 원형적 본질에서 벗어날 수 없다고 한다. 5억만 년 전 우리는 숲에서 왔기 때문이라는 것이다.

차례

part01
나무의 갈비뼈에 앉아

part02

바람의 언덕에 오르다

차례

part03
나무의 갈비뼈에 앉아

[숲]

part 01

나무의 갈비뼈에 앉아

숲의 새벽

강여울

새벽은 아직도
잠들어 있는 이를 위하여 느리고 조용하게 어둠을 쓸어낸다. 시나브로 숲의 새벽은 신성한 숨으로 대지의 심장을 뛰게 하며, 캄캄한 밤도 휴식의 시간으로 사랑할 수 있게 한다. 그런 숲의 입김으로 나와 지구가 살고 있다 생각하니 어둠을 쓸고 있는 숲이 막 몸을 씻고 거울 앞에 선 사내처럼 육감적이다. 감탄사가 절로 터지는 울울창창한 숲의 주인공, 살빛 붉은 소나무 한 그루 앞에서 나는 전율한다.

지난 밤 수필의 날 행사를 마치고, 어둠이 깊어 도착했던 대관령자연휴양림은 내게 처녀지다. 어두워 통성명도 못한 숲이지만 아침이면 곧바로 떠나야 할 곳이기에 아쉬운 마음에 새벽 산책을 나섰다. 밤에 찾아든 이방인들을 숲은 사방을 분간할 수 없는 어둠 속에서도 시원한 물소리로 기쁘게 반겨주었었다. 귀를 씻기고 마음을 씻기며 환영의 목청을 돋우던 그 물에 세수를 했다. 햇살이 비치면 금빛 찬란하여 이름 붙여졌다는 금관폭포에서 쏟아져 내린 물은 철철 흘러내리며 이 숲을 키워온 모양이다. 세수만 했는데도 정신까지 맑아졌다.

오솔길을 따라 걸으며 잡목들 사이사이 하늘을 받쳐 든 우람한 소나무를 보는 마음에 바람이 일었다. 스멀스멀 안개가 구경꾼처럼 일어났다. 결국 그리운 애인처럼 소나무를 덥석 끌어안고 말았다. 가슴 속까지 빠르게 퍼지는 그의 체취가 얼마나 감미로운지 스르르 눈이 감기며 밤새도록 오지 않던 잠이 비단이불처럼 의식을 감싼다. 촉촉한 손으로 어깨를 토닥이는 안개와 숲의 다른 모든 나무들도 소문처럼 일어나 나를 바라봤다.

말도 배우기 전에 할아버지 할머니를 따라 아버지마저 돌아가셨기에 핏줄에 대한 기억이 내겐 전무하다. 그래도 내 혈관 속에 그분들의 피가 흐르는 것처럼 쭉쭉 뻗은 건강한 살빛의 소나무는 훌륭한 혈통을 지닌 피붙이처럼 반갑다. 슬며시 눈뜨는 숲의 새벽빛, 엄마의 자궁을 열고 나오려는 아기처럼 아침 해가 안간힘을 쏟고 있는 게 느껴지는 지 숲은 땀에 젖는다.

생살이 찢어지는 아픔을 견디고 나를 이 땅에 뿌리 내리게 한 어머니처럼 숲은 날마다 새벽을 낳아 지구가 생명의 별이 되게 한다. 매일 새로 태어나는 숲의 새벽은 나무를 키우고, 새들이 찬미가를 부르게 하며, 인간의 몸과 맘을 건강하고 풍요롭게 한다. 어둠 깊은 밤의 존재가 귀한 것도 해를 낳는 산모, 새벽이 있기 때문이다.

쌀통에 쌀이 떨어지고, 통장 잔고가 바닥나는 가난 속에서도 나는 더 많이 웃었다. 건강하게 자라는 아이들의 푸른 살 냄새만으로도 감사한 마음에는 삶의 고통이 크면 클수록 더욱 찬란하게 다가올 행복한 아침에 대한 믿음이 있었다.

새벽에 눈 뜬 자만이 볼 수 있는 숲의 새벽빛, 이제 하늘을 닮으러 승천하는 안개와 나무들이 내뿜는 숨으로 숲은 갖가지 색을 드러내기 시작한다. 색즉시공色卽是空 공즉시색空卽是色

을 설법하며 숲의 새벽은 이 지구를 푸르게 채색한다. 대관령 자연휴양림에서 숲과 하나가 된 새벽, 붉은 살빛의 쭉쭉 뻗은 소나무들 사이에 선 나는 사람들의 내면에 캄캄한 어둠을 쓸어낼 새벽 같은 글 하나 낳고 싶다.

엄마의 자궁을 열고 나오려는
아기처럼 아침 해가 안간힘을
쏟고 있는 게 느껴지는 지
숲은 땀에 젖는다.

강여울

계간 「수필세계」 편집장, 평사리 토지문학상 수필 대상 수상, 수필가, 시인

강릉 가는 길

고영옥

막연하게 꿈꾸어 오던 수필세계에 발은 들여놓았지만, 아직 문학성이나 예술성에는 근접하지도 못한 채 변죽만 울리며 서성이다가 제11회 수필의 날 행사가 강릉에서 열린다는 소식을 접하게 되었다. 전국 수필인들 결속의 장에 참여하여 작품으로만 대하던 저명하신 작가님들과 마주하는 영광을 누려보고 싶었고 자신이 속해 있는 수필문학의 현주소를 확인하고도 싶었다. 그런저런 과정에서 영혼을 울리는 수필다운 수필을 쓰게 될지도 모른다는 막연한 기대로 밤잠을 설치고 길을 떠났다.

강릉으로 가는 길목에는 잘 자란 나무들이 윤기 흐르는 무수한 잎을 흔들며 맞아주었다. 차창으로 지나가는 나무들의 신선한 아름다움은 내게 생동감을 더하여 주었고 눈앞에 펼쳐진 울창한 숲은 잔잔한 평안을 가져오는가 싶더니 알 수 없는 그리움마저 불러냈다. 아마도 수필인들의 모임에 가는 길이라 이렇듯 다감한 마음이 되나보다. 그뿐만 아니라 조선시대의 뛰어난 여류문인이자 한국 어머니의 역할 모델인 신사임당의 숨결이 깃든 오죽헌을 향하는 길이지 않은가? 거기에다 강릉이 낳은 천재 여류문인 허난설헌의 초당 생가터를 돌아볼 계획이니 그 임들의 예술적 감수성이 내게 스쳐 지나갈지도 모른다는 기대로 눈을 반짝여 본다.

여긴 꿈 많던 소녀 시절 가슴 설레며 설악산으로 수학여행 가던 길이다. 가랑잎 굴러가는 소리만 들어도 깔깔거리던 단발머리 소녀들은 산이 주는 넉넉한 아름다움에 한껏 취하여 “산에는 꽃 피네…….” 시를 낭송하고 가곡을 합창했었지. 누가 먼저랄 것도 없이 서두를 꺼내기만 하면 앞다투어 목소리를 합하며 저마다의 감성에 사로잡혀 얼굴들은 발그레하게 상기되었지. 저만치 보이는 태고의 숲에서 추억 속의 그리운 얼굴들이 까르르 웃으며 튀어나올 것만 같아 눈을 뗄 수가 없다. 그때는 비포장도로가 군데군데 남아 있어 차는 한 차례씩 털커덩 거리며 춤을 추었고 여기 저기 부딪치면서도 그게 재미있어 한바탕씩 웃음보따리가 터지곤 했었다. 대관령 도로 어느 구간에서는 사고가 났는지 아니면 차가 교차할 수 없이 좁아서인지 잘은 모르지만 무전으로 연락하고 이쪽에서 차를 보내면 저쪽에 차는 기다리곤 하던 일이 전래동화 속의 한 장면처럼 떠오른다.

강릉은 젊은 시절 속초에서 근무하는 남편을 만나려고 벼르고 별러서 가던 길이다. 나뭇가지를 흔들며 지나가는 바람처럼 빨리 달려가고 싶었던 마음 그이는 아시려나. 눈길만 마주쳐도 가슴이 설레고 손길이 닿으면 온몸이 떨려오던 살뜰한 이를 그리며 오색찬란한 무지개를 타고 가는 양 마음이 두둥실 떠가던 길이다.

근래에도 가끔 강릉이나 속초에서 모임이 있어 남편과 나란히 앉아 이 길을 지나지만 이제는 손을 잡아도 얼굴을 맞대도 떨림은커녕 감각도 없으니 격세지감을 느끼게 된다. 그렇지만 그의 체온에서는 자극적인 느낌이 아닌 편안함이 전해온다. 태고의 숲에서나 느낄 수 있는 평화 같은 것이다. 세월의 무게가 내려 앉는다는 건 자연과의 합일을 이루어 가는 과정이라고 한다면 지나친 비약일까?

강릉으로 가는 길에는 행복이 있다. 어제도 오늘도 그리고 내일도 그러리라는 예감이 든다. 그렇다면 이쯤에서 아예 차를 세우고 동승한 문우님들과 산길을 걸으면서 온몸을 자연에 담가보면 어떨까? 평탄한 길에서는 오순도순 정담을 나누고 험난한 곳에서는 서로 밀어주고 당겨주고 허기가 차오르면 내 것 네 것 할 것 없이 음식을 나누며 살뜰한 우정을 나누고 싶다. 친분이 없어도, 가진 것이 없어도 금방 친구가 되고 하나가 되는 산행 동반자! 산만큼 사람과 사람을 친밀하게 해주고 마음을 열어주는 것이 어디에 또 있겠는가?

나는 어린이집 꼬마들에게 가끔씩 동시를 들려준다. 들려주는 것으로 만족하지 않고 여러 번 반복하여 입에 붙을 때까지 반복시키곤 한다. 이달에는 김용섭 시인의 '산' 이라는 동시가 선택되었다 '산은 숲을 품고/ 숲은 나무를 품고/ 나무는 새둥지를 품고/ 새 둥지는 새를 품고/ 새는, 새는 노래로 온 산을 품고.' 정령, 자기중심의 편협한 마음을 넓게 열어주는 감성이 넘치는 시라고 생각한다. 이 시에서처럼 우리 아기들이 모두를 품을 수 있는 훌륭한 인물로 자라기를 바라는 마음에서 여러 차례 반복하다보니 6, 7세 반 아이들은 줄줄 외운다.

수려한 산줄기에 포근히 안기어서 탁 트인 동해바다를 품어 안은 아름다운 도시 강릉! 거기에서 열린 전국 수필인의 잔치는 향기롭고 미래 지향적이었다. "수필은 진정으로 살아있는 음성이다"로 시작한 수필의 날 선언문은, 인간과 자연을 향한 포용과 사랑이 수필의 품에 뿌리를 내릴 때 빛나는 미래를 열어 가리라는 기대와 긍지를 심어주었다.

산수가 수려하고, 뚜렷한 사계절의 아름다움이 있는 축복받은 우리 강토! 거기에서도 빼어나게 아름다운 강릉 가는 숲길에서 심금을 울리는 향기로운 수필 한 편을 쓸 수 있다면 더 무엇을 바라겠는가.

강릉으로 가는 길에는 행복이 있다.
어제도 오늘도 그리고 내일도
그러리라는 예감이 든다.

고영옥

충북대학교 평생교육원 수필창작반 수료, 「푸른솔문학」 신인상 등단, 푸른솔문학 작가회 회원, 충북여성문인협회 「미리쓰는 유서」 공모전 우수상 수상

나무의 갈비뼈에 앉아

권현옥

나는 거대한 아파트촌에 산다. 오랫동안 다른 곳에서 목적 따라 살다 돌아왔다. 내 삶이 걷거나 뛰었으므로 여기도 발로 온 것이다. 그런데 이 동네는 내가 떠났던 8년 전과 변함이 없었다. 대지에 단단히 발목이 잡힌 아파트는 긴 다리와 높은 눈을 가졌음에도 걸어간 흔적이 없다. 철근 심을 머리끝에서 땅속까지 박은 채 그대로 서 있었다. 길도 검은 등딱지를 업은 채 움직인 흔적이 없다. 나는 이 바람기 없는 거대하고 착실한 아파트촌에 들어서며, '재미없을 거야.' 했다.

며칠 후 나는 아파트 숲에 가리어 보이지 않던 사잇길로 들어섰다가 놀랐다. 떠날 때 본 어린 나무들, 받침목으로 몸을 세웠던 나무들이 거대하게 커져 오히려 아파트가 보이지 않았다. 이곳으로 오기 위해 잠시 발바닥을 떼어봤을 뿐, 그 후 대지에 합일하여 붙박이가 된 나무들. 걷지 못한 나무들의 숨은 열정은 수많은 이파리와 긴 가지를 뚫고 나와 멀리멀리 뻗어가고 있었다. 햇볕과 바람을 모으는 안테나가 되어 반짝이며 흔들리고 있었다.

아파트가 욕심을 부리듯 나무에게도 욕심은 있었다. 나무는 더 깊이 뿌리를 뻗어 유선을 확보하고 태양에서 온 길고 정확한 햇살과 부정확한 약속의 손을 내밀며 지나가는 바람을 마음껏 빨아들여 커져 있었다. 길가의 나무가 길을 아름답게 하듯 나무들도 길이 있어 사실 더 아름다웠다. 나무는 자신을 지키려는 에고로 숨을 뿜었지만 숲길을 걷는 나는 그 숨으로 몸을 채워서 마음이 청량하다. 지팡이 하나를 만들 때도 나무에게 허락을 받는 인디언처럼 나도 나무에게 '고맙다.' 고

인사하였다.

벤치에 앉아보았다. 나무의 갈비뼈로 엮은 것 같은 벤치에 나는 살이 되고 싶었다. 엉덩이를 밀어 넣고 넓적다리를 밀착하고 허리와 등을 뼈에 대었다. 편안하다. 나는 지금 나무를 사랑하고 있는 것이다. 움직이지 않은 아파트촌을 위해 움직이지 않고 울울하게 자라준 나무숲 길을 사랑하게 된 것이다. 나무들처럼, 어쩌면 서로의 창문을 엿보지 못하게 떨어져있는 아파트의 간격도 에고였지만 존중의 향이 흐르는 거리일 거라고 믿어 본다. 한참 동안이나 벤치에 앉아서 행복해하였다.

벤치에 앉아보았다.
나무의 갈비뼈로 엮은 것 같은 벤치에
나는 살이 되고 싶었다.
편안하다.

나는 지금 나무를 사랑하고 있는 것이다.

권현옥

「현대수필」 등단, 분당수필문학회 회장, 한국문인협회, 국제펜클럽 한국본부 회원, 저서 : 수필집 『갈아타는 곳에 서다』

산, 산이 사람을 품는다

김명규

사람은 자연과 더불어 살아야 한다. 물과 공기는 자연에서 얻어지는 것인데 이것들이 없다면 사람의 생명이 유지될 수가 없다. 어린 시절 대부분을 강원도 두메산골에서 보냈다. 봄이면 들에나 산에 봄꽃이 흐드러지게 핀다. 산에 오르면 각종의 새들이 지저귀며 노닌다. 강원도는 지금도 그렇지만 그 당시에는 어느 곳이나 청정지역이다. 공기와 물이 더없이 깨끗하다. 개울가에 굴러다니는 깡통을 가져와 잡은 물고기의 배를 따내고 냇물로 끓여 먹어도 꿀맛이었다.

그랬다. 맹물에 물고기를 끓여 먹어도 맛있고 산에 올라가 진달래 꽃잎을 따 먹어도 꿀맛이다. 진달래가 지고 나면 단내가 나는 아카시아 꽃이 가지마다 늘어져 향기로 유혹을 한다. 그 아카시아 꽃도 간식처럼 따 먹었다. 내가 살았던 그곳은 사방팔방이 산이다. 산이 가까워 항상 산에 올라가 시간을 보냈다. 어떤 날엔 쌀 한 줌, 고추장 한 종지 가지고 산에 오른다. 돌로 화덕을 만들고 계곡물로 쌀을 씻어 뽀르르 끓여서 고추장에 비벼 먹으면 둘이 먹다가 하나 죽어도 모를 정도로 맛있다.

산을 생활공간으로 삼아 살았던 탓에 요즈음 시간만 있으면 산으로 간다. 회색빛 도시 속에 야산이 있어서 매일 오른다. 관악산 높은 봉우리들 앞에 버티고 선 장군봉이라는 산이다. 도시 속 야산이라 사람들의 발길이 많다. 무질서하게 오르내리다 보니 여기저기 샛길이 나 있다. 관악구청에서 "천년만년 이용을 위해 샛길은 폐쇄합니다."라는 팻말과 함께 입구마다 들어가지 못하게 막아 놓았다.

산책로는 a, b, c, d 네 개의 코스로 되어 있다. 이 중에 에이코스가 1.3킬로미터로 순환동선이라 가장 길다. 운동이 되게 산책하려면 서너 바퀴를 돈다. 이렇게 돌고 나면 온몸에 땀이 흘러 옷을 적신다. 내려올 때 바람이라도 불어주면 그렇게나 시원할 수가 없다.

산은 사계절을 확실하게 느껴볼 수가 있다. 봄에 오르면 아기 손 같은 나뭇잎이 뾰족뾰족 나오기 시작한다. 이 무렵이면 진달래가 산 전체를 연분홍빛으로 물을 들인다. 수줍어하는 열일곱 소녀의 볼 색깔처럼 곱다. 진달래가 지고 나면 정열적인 빛깔로 철쭉이 핀다. 철쭉꽃은 생기발랄한 처녀의 모습이다. 산속에 들어와 꽃을 대하면 마음도 푸근해지고 즐거워진다. 눈으로 보는 즐거움이지만 세상 시름을 잊을 수가 있다. 화무십일홍이라고 했다. 꽃이 열흘을 가지 못한다는 말이다.

철쭉이 지고 나면 다른 나무들이 잎을 다 피운 후에 마지막으로 뒤늦게 잎을 돋우고 꽃이 피는 나무가 있다. 아카시아 나무다. 이곳 장군봉에는 아카시아 나무가 많다. 나무들이 동시 다발적으로 잎을 돋우어 내는 줄로 알았는데 금년 봄에서야 아카시아가 제일 늦게 잎이 나온다는 걸 알았다. 매일 산에 오르면서 관찰한 결과다. 잎이 나오는가 싶더니 금세 백색의 꽃을 가지마다 주렁주렁 매단다. 하얀 눈꽃을 보는 듯하다.

아카시아 꽃은 그 향기가 멀리에 까지 퍼져나간다. 달콤한 향기다. 그래서 어린 시절에 아카시아 꽃을 많이도 따먹었다. 아카시아 꽃이 질 때에 보면 바람에 우수수 떨어져 휘날리는 꽃잎들이 눈송이 같다. 아카시아 나무가 많다 보니 나무 밑에 서있으면 금세 하얀 눈밭으로 변한다.

지난해 태풍 '곤파스' 로 인해서 아카시아 나무들과 일부 활엽수들이 뿌리째 뽑혀서 넘어갔다. 넘어진 나무들은 하늘을 찌를 듯이 키가 큰 나무들이다. 대개 경사진 곳에 뿌리를 내렸던 나무들이다. 뿌리를 땅속 깊숙이에 박아 몸을 지탱했어야 하는데 그렇게 할 수 없는 환경이다. 그런데 잡초의 생명이 질기다는 말은 들었지만 나무들의 생명도 질긴 것은 뜻밖이다. 뿌리를 드러낸 채 바닥에 누워 있음에도 무성하게 잎을 피워낸다. 사람의 눈으로 보면 말라 죽을 것 같은데 단 몇 가닥의 땅 속 뿌리로 생명을 연장하고 있다. 대단한 생명력에 경외심을 느낀다.

꽃들을 더 이상 볼 수가 없게 되면 바로 여름이다. 녹색의 색감이 짙어지고 숲이 어우러진다. 솔숲에서는 솔향기가 진하게 후각을 자극하고 각종의 나뭇잎에서 뿜어져 나오는 향기가 상큼하다. 무더워지기 시작하는 칠월 하순쯤이면 매미들의 합창소리가 또 시원하다. 그래서인지 숲속에 들어오면 머리가 맑아진다. 머리가 지끈지끈 아플 때 숲속에 들어와 한동안 있으면 통증이 사라지고 개운해짐을 느낀다. 이런 맛에 매일 장군봉을 찾는다.

도시 속의 야산만 산책을 하다가 대관령자연휴양림에 들어갔더니 이곳은 아주 딴 세상이다. 제11회 수필의 날 행사에 처음 참석을 했다. 1박2일 2011. 7. 15.~ 7. 16. 일정이다. 강릉시청 대회의실에서 세미나를 끝내고 찾아간 숙소가 대관령자연휴양림이다. 어둠이 짙어져 가는 시간에 찾아간 그곳은 바위를 타고 흘러내리는 계곡의 물소리가 정겹게 나를 맞아준다.

밤공기임에도 산림의 향기가 청량하다. 하늘을 올려다보니 서울 하늘에서 볼 수 없던 별들이 보인다. 초롱초롱한 별빛들 속에 북두칠성이 선명하게 자리를 잡고 있다. 어린 시절에 늘 쳐다보며 살아왔던 그 북두칠성을 보니 고향 산천의 죽마고우를 만난 것처럼 반갑다. 한참 동안이나 북두칠성을 보면서 도시의 하늘이 얼마나 오염이 되었는지를 깨닫게 된다.

주최 측에서 배정한 숙소는 '산양' 이라는 문패가 달린 방이다. 펜션의 방마다 동물들의 이름을 붙여 놓았다. 자연휴양림에 잘 어울리는 발상이다. 김태실님의 승용차에 지연희 위원장님과 이경선님 그리고 나까지 넷은 일행들 보다 먼

저 숙소에 도착했기에 여유로운 시간을 가져본다. 펜션마다에 켜져 있는 전등 불빛 외에는 주변 사위가 캄캄하다. 그래서인지 하늘의 별빛들이 더욱 반짝인다. 이번 행사에 참석하기 위해서 새벽같이 일어났다. 수원 성균관대역에서 이경선님의 차로 김태실님의 아파트까지 이동을 했다. 거기서 다시 우아한 분위기를 풍기는 초면의 김태실님 차로 옮겨 타고 강릉시청 행사장까지 왔다.

자동차 안에 갇혀서 장시간을 앉아 있다 보면 하는 것 없이 피곤해진다. 오는 도중에 전화벨 소리도 못들을 만큼 정신없이 졸기도 했다. 주위 자연환경은 상쾌함을 주지만 몸이 피곤하다. 빨리 눕고 싶은 마음이다. 일행들의 버스가 도착을 하자 행사 진행자들이 방 열쇠를 나눠주고 있다. 내가 들어가 쉴 수 있는 산양 방의 열쇠를 받아 펜션이 있는 곳으로 이동을 한다. 방문을 열고 들어가니 남의 집에 온 듯 낯설다.

건물 뒤편에서는 계곡을 흘러내리는 물이 바위를 때리며 떨어지느라 아우성을 친다. 쉬이 잠들 수가 있을지 걱정이 된다. 역시나 집 떠나오면 고생이다. 방은 큰방 작은방 두 칸으로 나뉘어져 있다. 산양 방에는 초면의 낯선 사람들 십여 명이 함께 묵는다. 처음 보는 사람들이지만 통성명을 하고 나면 말문이 터진다. 이런 얘기 저런 얘기 하느라 시간 가는 줄을 모른다. 몸이 고단한 나는 작은방으로 건너가 몸을 누인다.

동녘이 밝아오는 아침에 일어나 밖을 보니 산안개가 자욱하다. 계곡을 내려다보니 하얀 포말을 일으키며 거칠게 물이 흐르고 있다. 안개 자욱한 아침 시간에 바위를 타고 흘러가는 물소리를 들으니 청사淸思라는 시조가 떠오른다. "청산靑山은 나를 보고/ 말없이 살라하고/ 창공蒼空은 나를 보고/ 티 없이 살라하네/ 미움도 벗어놓고/ 탐욕도 벗어놓고/ 물같이 바람같이/ 살다가 가라하네" 이곳이 바로 딴 세상 유토피아다.

작은 숲속 음악회 순서가 있어서 펜션을 나와 산책로를 걷는다. 울창한 소나무 숲이 장엄할 정도로 하늘 높이 솟아 있다. 솔 씨를 채취해서 심은 나무라는데 구십 년이 된 아름드리나무들이 빼곡하다. 이 나무들은 문화재 보존용으로 값비싸게 팔린다고 한다.

산안개가 걷히지 않은 채 아침 햇살을 머금고 있다. 솜사탕을 풀어놓은 듯 아름다운 정경이다. 산책로를 따라 야외무대가 있는 곳으로 오르는데 아기가 어머니의 품 안에 안겨 있는 기분이다. 산은 사람의 마음을 평안하게 만들어 준다. 아늑한 휴양림의 품속에서 사람들이 평화를 누리고 있다. 산은 어머니의 포근한 품이다. 그 품 안에서 자천타천으로 무대에 오른 사람들이 한껏 기량을 뽐낸다. 따스한 어머니의 품속 같은 숲에서 사람들이 재롱을 떨고 있다. 산, 산은 사람뿐만이 아니라 모든 것을 품어주는 큰 가슴이다.

산은 어머니의 포근한 품이다.

산, 산은 사람뿐만이 아니라 모든 것을
품어주는 큰 가슴이다.

김명규

경기도공무원문학회 부회장, 경기한국수필가협회 부회장

산 – 지팡이 무덤

김미숙

낯설었다. 처음 온 것처럼 가슴이 뛰었다. 아마도 옥녀봉을 다시 만난다는 설렘 때문일 것이다. 사량도 지리망산은 규모는 작지만 산 전체가 암벽으로 둘러싸여 있고, 산세가 험해 산행하기가 녹록치 않은 곳이다. 산행 때마다 금속성 스틱을 사용해 왔다. 금속성 스틱은 바위에 부딪칠 때마다 "딱 딱 딱" 하는 소리가 산 전체를 울린다. 바위산을 배려한 마음 씀씀이일까. 이 산은 나무 지팡이를 든 사람들이 유난히 눈에 띄었다.

꼭대기 옥녀봉은 밧줄을 타고 올라가야 하는 코스다. 줄타기에 서툰 나는 지난번까지 옆길을 따라 옥녀봉 아래를 한 바퀴 돌아 내려오는 것으로 만족해야 했다. 그때마다 아쉬움이 남았다. 이번에는 집을 나서기 전부터 옥녀봉을 꼭 만나고 싶다는 다짐과 염원을 가슴속에 새기고 또 새겼다.

산행이 시작되었다. 발을 내딛는 순간부터 긴장의 연속이다. 가슴이 두근거렸다. 숨소리가 더 크게 들려왔다. 고개를 돌려 아래를 내려다보았다. 쪽빛 푸른 바다가 하얀 포말을 일으키며 넘실거렸다. 마을이 보였다. 코발트색 지붕과 주황빛 지붕이 가까이 다가왔다. 평화스러운 모습이다. 사이사이에 어렴풋이 보이는 사람들도 그림처럼 아름다워 보였다.

두어 시간 정도 오르막길을 오르자 내리막길이 이어지고 다시 평평한 길이 나타났다. 우리의 삶도 이와 별반 다르지 않으리라. 즐거운 일이 있으면 슬픈 일이 있고 슬픈 일이 있으면 다시 행복한 날이 있다. 혼자 잘난 척하는 것보다 서로 이해하고 용서하면서 어울려 살아가는 것이 더 이상적인 삶이라는 것을, 산길을 걸으며 알게 되었다. 힘들어도 서로 밀어 주고 당겨 주면서 정상에 도착하여 함께 나누는 기쁨이 산행의 묘미인 것처럼, 우리의 일상 또한 크게 다르지 않을 것이다.

마지막 고비가 나타났다. 여기서 올라가지 못하면 다시 옆길을 돌아 내려가야 한다. 염원처럼 밧줄을 타고 바위 위로 당당하게 올라가고 싶었다. 암벽을 타지 못하고 하산했던 기억을 한꺼번에 지워 버리고 싶었다. 지난해 팔공산과 조령산에서 습득한 줄타기의 짜릿한 느낌을 옥녀봉에서 다시 느껴 보고 싶었다. 아득하게 바라보이는 하늘과 바위가 맞닿아 있는 곳을, 밧줄을 타고 보란 듯 가볍게 올라가고 싶은 마음이 간절해졌다.

밧줄을 잡으려는 순간 문득 지팡이 무덤이 보였다. 지팡이가 무덤을 이룬 채 군데군데 쌓여 있었던 것이다. 어떻게 지팡이 무덤이 생겼을까. 그랬다. 사람들이 밧줄을 잡으며 자신을 도와주었던 지팡이를 여기에 버린 것이다. 그렇게 버린 것이 하나둘 모여 무덤이 되었나 보다. 지팡이 무덤에서는 세월의 흔적이 보였다. 마치 사람들의 얼굴을 보는 것 같았다. 층층이 쌓이고 쌓인 지팡이들이 인간의 속내를 그대로 드러내 보이고 있었다. 우리도 언젠가는 지팡이처럼 떠나야 할 것이다. 밧줄을 잡으려다 발견한 지팡이 무덤이 잔잔한 파문을 던졌다.

힘껏 밧줄을 잡아당겼다. 한 발짝 한 발짝 조심스럽게 올라갔다. 드디어 옥녀봉 정상이다. 넓은 바다가 까마득하게 내려다보인다. 아찔하면서도 행복한 순간이다. 드디어 해냈다는 충만감에 온몸이 떨려 왔다. 옥녀봉에 발을 딛는 순간 굽이굽이 한세상 살아가는 일이 쉽지만은 않지만 포기할 일은 더더욱 아니라는 사실을 깨달았다.

거친 숨을 고르고 내려오면서 다시 지팡이 무덤을 마주했다. 바람이 불어왔다. 지팡이 무덤 그늘에 왠지 모를 쓸쓸함이 내려앉아 있다. 자신을 돌아보는 시간이다. 누군가에게 지팡이 무덤처럼 외면해 버리지는 않았는지, 무관심하게 지나쳐 버리지는 않았는지 곰곰이 생각하면서 하산하기 시작했다.

오르막길을 오르자 내리막길이
이어지고 다시 평평한 길이 나타났다.

우리의 삶도 이와 별반 다르지 않으리라.

즐거운 일이 있으면 슬픈 일이 있고
슬픈 일이 있으면 다시 행복한 날이 있다.

김미숙

「수필문학」 추천, 대구문인협회, 대구수필가협회, 영남수필문학 회원, 저서 : 『배꽃 피고 지고』

숲은 말한다

김산옥

굽이굽이 돌아가던 길은 일직선으로 뚫렸다. 우리는 생살을 찢기고, 심장을 도려내고, 각피를 당해가며 교통수단의 시간 절약을 위해 장기 기증을 했다. 보상을 바라는 것은 아니지만 사람들은 이런 우리의 희생에 대해 고맙다는 말 한마디 한 적 없고, 우리는 아프다는 소리 한

번 제대로 못한다. 우리의 그 위대한 희생으로 인해 방방곡곡 가는 길은 빠르고 편리하다.

그래, 최첨단을 내달리는 문명 앞에 내 한몸 망가진들 어떠리, 심장을 드러내 모든 이들의 대동맥이 되어주고, 맑고 건강한 핏줄을 돌게 한다면 이 또한 기쁨이리. 빨리빨리가 이루어지지 않으면 밥줄이 끊기고, 숨통이 막히는 세상인데, 내 한 허리 도려내어 그들의 밥줄이 되고 산소가 되어준다면 더 바랄 것이 있겠는가. 그러나 잘못된 성형 후유증은 엄청난 아픔으로 인간에게 되돌아간다.

사람들은 우리를 마음대로 성형하고 디자인하려 한다. 가는 곳마다 개발이라는 이유로 우리는 그들의 수술 대상이 된다. 우리는 성형되지 않은 자연 미인이고 싶다. 선명한 쌍꺼풀도 싫고, 높은 코도 싫으며, 깎여진 계란형 턱도 원치 않는다. 있는 그대로의 모습을 지키고 싶다. 하지만 우리를 저희들 마음대로 깎고, 째고, 높이고, 낮게도 한다. 무차별 성형된 곳은 오랜 장맛비에 사태져 흘러내린다. 우리 몸은 곳곳이 상처투성이다. 헌데가 아물지 않아 고름이 맺히고, 갓 아문 곳은 푸릇푸릇 새살이 돋아나기도 한다. 언제 상처가 아물어 무성한 숲을 이루고, 그윽한 산을 이룰까.

사람들은 우리의 세계를 이해하지 않으려 한다. 언어가

없다고, 말을 하지 못한다고 해서 감정도 없는 줄 안다. 우리도 아프면 눈물 흘리고, 좋으면 행복해할 줄 안다. 피가 꼭 빨간색인 것만은 아니다. 우리의 애틋한 사랑 법을 사람들은 알까. 멀리 무성한 숲에는 이파리가 하얗게 뒤집어져 나비처럼 팔랑이고 있다. 바람이 불 때마다 엎어지고 뒤집어지며 흰빛을 반짝인다. 우리만이 알 수 있는 손짓이다. 무언의 간절한 소통이다.

어느 자연생태계 박사는 우리를 이렇게 대변해 준다. "다래꽃은 너무 수줍어하기 때문에 꼭꼭 숨어 있어서 벌이 잘 찾아내지 못한다. 그 여리고 가련한 마음을 헤아려 나뭇잎이 하얗게 변하여 팔랑팔랑 벌을 손짓하여 유혹을 한다. 벌아, 벌아, 우리도 꽃이란다. 나를 좀 봐다오. 꽃을 대신해서 벌을 불러 모은다. 수정할 시기에만 이파리가 하얗게 변하고, 수정기간이 지나면 이파리가 본래의 녹색으로 변한다"라고.

이 오묘한 자연의 법칙을 사람들은 알까. 우리가 말 못한다 하여 아픔을 못 느끼는 것은 아니다. 우리만의 세계가 있고 질서가 있다. 말을 해야 아는 것은 사람들뿐이다. 말 많고 무질서한 인간에 견주리. 우리의 몸이 더 이상 아프지 말았으면 좋겠다. 문명이란 신종플루에 자꾸만 감염되지 않았으면 좋겠다. 진정 건강한 산이고 숲이었으면 좋겠다. 그랬으면 좋겠다.

그래, 최첨단을 내달리는 문명 앞에
내 한 몸 망가진들 어떠리,

심장을 드러내 모든 이들의 대동맥이
되어주고,

맑고 건강한 핏줄을 돌게 한다면
이 또한 기쁨이리.

김산옥

강원도 평창 출생, 국제펜클럽한국본부, 안양여성 문인회, 한국문인협회, 한국수필학회, 현대수필 문인회 회원, 현대수필 편집위원, 서초수필 회장, 안양문인협회 이사, 문향 동인, 저서 : 수필집 『하얀 거짓말』, E-mail : s2k2y@hanmail.net

대관령 휴양림에서 보낸 하루

김수자

동해 푸른 바다 위로 떠오르는 태양, 하얀 구름의 주름을 펴가며 햇살이 고루 펼쳐지고 있다. 부스스 눈 비비며 숲속 나무들 깨어난다. 후두둑 풀잎에 맺혔던 이슬이 방울 되어 굴러떨어지는 소리에 밤새 종알거려 잠을 설치게 하던 물을 만나러 계곡으로 나갔다.

좋은 아침! 좋은 하루 되세요. 마치 이 말을 하고 싶어 그랬던 것처럼 잠을 설치게 했던 그 소리 여전히 큰소리치며 힘차게 흘러 내려간다. 센 물살에 물고기들 곤두박질치는 모습이 재미있다. 나무와 계곡과 그 계곡의 물고기가 사는 이 숲 속 그림 같은 예쁜 집에서 지낸 하룻밤.

어제저녁에는 솔가지 사이로 내리비치는 달빛이 하도 고와 시간가는 줄 모르고 하늘을 쳐다보았다. 매연 가득한 도심의 하늘에 떠 있던 달과 맑은 하늘 청정한 대기 속에 떠 있는 달은 다른 달처럼 보였다.

대관령의 원래 이름은 대굴령이었다고 한다. 워낙 고갯길이 험해서 오르고 내려 갈 때 대굴대굴 굴러갔다는 그랬던 길이 오늘날에는 한꺼번에 여러 대의 자동차가 달릴 수 있을 뿐 아니라 더 빨리 가고 싶어 터널까지 뚫어 단숨에 목적지까지 닿을 수 있게 되었다.

화전을 일구어 옥수수와 감자를 심어 먹고 살아야했던 척박하고 빈약했던 터전은 옛일 지금은 수목, 고랭지 특수 작물은 물론 소나 양을 방목하여 부의 가치를 높이는 풍요의 땅이 되었고 산림이 가지고 있는 아름다운 자연 풍경을 훼손시키지 않고 어떻게 더 가꾸고 다듬어 사람의 정서 생활을 위한 휴식처를 만들 수 있을까 궁리를 거듭하여 만들어 놓은 아늑한 공간인 자연 휴양림은 우리의 몸 안에 있는 허파와 같은 역할을 하는 것 같다.

임업경제의 본래 목적과 조화를 이루기 위해 자연을 보호 하는 한편 국민의 참살이를 위해 휴양림을 조성해서 물레방앗간, 야생화 정원 같은 볼거리도 꾸며놓고 반송, 금강송, 곰솔같은 소나무 군락지도 보호해서 송림을 거니는 운치와 삼림욕을 할 수 있게 함은 물론 건축이나 가구의 재료, 솔잎 송화 가루 같은 약재를 채취하기도 한다. 특히 껍질이 유난히 두껍고 붉은 금강 소나무는 수령이 오래 되기도 했지만 재질이 좋아 숭례문 복원에 쓰이게 되었다고 한다.

산책길 따라 하얀색, 하늘색, 붉은색으로 피어 있는 산수국이 여름 산 지킴이로 자처했는지 곳곳에서 제 몫을 하고 있고 쪽동백의 올망졸망 매달인 열매들도 풍요로운 제 삶을 구가하고 있는 평화스럽고 편안한 모습이 한결 정겹고 아름다워 보인다.

보아도 보아도 싫지 않은 아름다운 풍광, 생명력 넘치는 푸르름, 싱그러운 풀내음, 결국 자연과 인간은 하나요. 자연의 보호를 받으며 자연과 동화되어 자연으로 사는 것이 올바른 삶의 방식이 아닐까 생각해본다. 자연을 가꾸고 보존하는 것이 결국 우리의 삶을 위한 것이기에. 산림 휴양림이 존재해야할 이유는 여기에 있음이리라 더 많은 자연과 접하기에 아주 합당한 공간이다.

보아도 보아도 싫지 않은

아름다운 풍광, 생명력 넘치는

푸르름, 싱그러운 풀내음,

김수자

1982년 「한국수필」, 1983년 「시조문학」 등단, 한국문인협회 한국문학사 편찬위원, 한국시조시인협회 이사, 한국수필가협회 이사 한국여성문학인회 이사, 한국여성시조문학인회 회장, 한국시조시인협회 협회상, 숙명문학상 수상, 저서 : 시조집 『산나리』, 『내일은 안개꽃 찾아 가리라』, 『꽃씨봉투』, 『햇살은 깨금박질로 징검다리 건너간다』, 『사랑법』, 수필집 『놓친 열차보다 아름다운 것』, 『사과향기』 외 공저 다수

'수필의 날'에 다녀왔다

김옥남

우리 일행이 대관령 휴양림 숙박소에서 1박하게 된 그날은 초복 7월 14일 바로 다음날인 7월 15일이었다. 금년은 7월이 음력 5월과 나란히 가고 있어 바로 보름날이었다. 제11회 수필의 날 행사는 전국에서 모인 300여 명의 수필인들이 모두 함께 강릉시청의 2층 대강당에서 잘

치루었다. 예술원 회원인 신봉승씨의 강연 '조선시대의 수필문학' 은 들을만하여 당당하고도 어느 장르에도 뒤지지 않는 수필다운 수필을 쓰려는 가슴이 뜨거워지게 했다.

저녁도 강릉시청 17층의 뷔페식당에서 함께 즐겼다. 강릉 시민의 혈세로 지어졌을 관청, 강릉시청의 호화로움이 그만큼 시정에 반응되어 온 강릉시민의 안락을 도모하길 기원하면서 우리는 강릉시청을 뒤로했다. 오전에 채 들리지 못한 명소와 마지막으로 동해의 수평선을 바라보며 소나무 숲 사이의 해변에 들렀다가 대관령휴양림으로 향했다. 넘어가는 해는 굽이굽이 영마루에 오르기도 전 어느덧 어둠을 짙게 두르고 사라져 버렸다.

아침까지도 장마의 여운이 비를 듬성듬성 뿌리고 있었다. 오전 내 그쳤다가도 차창을 후드득후드득 두들기곤 했었다. 그러다가 오후가 되자 어느새 구름은 점점 벗어지더니 흘러가고 있었다. 하긴 대관령 영마루는 언제나 구름을 곧잘 이고 있었는데 오늘은 아닌 상 싶었다. 희한하고도 고마운 일이었다.

역시 그 영마루에 오르는 길은 굽이굽이 모롱이를 그대로 지니고 있었다. 아스팔트를 깔아 닦아놓긴 했으나 버스와 같은 큰 차는 갈 길이 아니었다. 어둠 속에서 모롱이를 돌때마다 한쪽 벼랑이 느껴져 아찔아찔했다. 이 길을 전혀 모르는 일행은 즐거운 대화 속에 있었다. 최선을 다하고 있는 기사를 보며 안쓰러웠다. 깜깜한 밤에야 휴양림에 도착했다. 도착한 후 비로소 기사는 "우리가 버스로는 처음으로 이 길을 온 팀입니다."라고 했다.

숙박소도 우리 수필인들을 위해 '지체부자유인용' 숙소를 제외하곤 모두 비워 제공해 주고 있었다. 한국산문의 내 동행 문우 네 사람은 마침 계곡 옆 건물의 3층으로 계곡이 바로 내려다보이는 방에 배치되었다. 한국산문의 김현정 회장과 사무국장 그리고 또한 젊은 임원, 이렇게 3명이 함께하여 우리는 조심스러우면서도 든든했다. 모두 피곤하기도 했지만 묵묵히 각기 취침준비며 정리들을 열심히 하는데 비 내린 계곡물 흐르는 소리가 너무도 정겹고 청량했다. 활짝 열어놓은 테라스로 통하는 유리문을 아예 떼어버리고 싶었다. 모두 잘 준비에 골돌하면서도 창밖을 내다보곤 하던 우리는 서로 소리쳤다.

"저 달, 달 좀 보셔요!"

"어, 만월이네……."

"소나무에 딱 걸쳤어요."

"기막힌 달님이네……."

"방속을 드려다 보고 있네."

계곡을 흐르는 물소리 속에서 나는 문득 왕유王維의 시 구절이 가슴에 떠올랐다.

明月松間照 밝은 달은 소나무 사이에서 비치고
清泉石上流 맑은 샘은 돌 위를 흐른다

고향이 강원도 오지인 나는 어릴 적부터 이 길을 오르내리며 외지로 가곤했다. 눈 내리는 겨울에도, 빗속에도, 흐드러진 꽃들의 향연 속에도, 흩날리는 단풍 속에도, 그러나 이런 밤의 향연은 처음이다. 머물 곳이 그때 여기엔 없었다. 수필의 날은 이 귀한 향연을 우리에게 주며 살아있는 수필의 세계를 귀하게 선사했다. 소나무에 걸린 달을 바라보며 우리를 위해 온 힘을 다한 임원들의 쌔근쌔근 곤한 숨소리를 들으며 나는 말똥말똥한 속에서 잠을 청했다.

새벽에도 일찍들 잠이 깼다. 정말 맑고 좋은 아침이었다. 숲속을 산책했고 거기 마련된 작은 무대에서 노래도 듣고, 숲의 이야기도 들었다. 아침식사는 또 어느 문우님의 따뜻한 마음 담아 맛있게들 먹었다.

귀로는 각 단체별, 버스별로 움직였다. 우리 3번 버스는

'한국산문' 버스였다. 도중에 김현정 회장이 온 식구에게 '칡냉면' 점심을 먹여줘서, 주객이 전도되었다. 행사 내내 너무도 성의껏 돌봐주느라 피로가 겹쳤을 텐데 끝내 우리는 대접만 받았다. 이렇게 행사 땐 각별한 우정들이 생성된다. 가슴에 고이 접었다가 배로 돌려줘야지! 정말 수필을 써야지, 수필다운 수필을 써서 즐거움들을 생성키 위해 우리는 이렇게 모인다.

소나무에 걸린 기막힌 보름달을 오래 기억할 것이며 대관령 계곡의 그 물소리도 자주 가슴을 씻어 내릴 것이다. 우리는 이렇게 함께 할 수 있어 더욱 수필다운 수필 세계로 다 같이 깊이 갈 것이다. 함께 한다는 것은 나를 볼 수 있고 나를 냉철히 생각할 수 있어 더욱 귀하다.

밝은 달은 소나무 사이에서 비치고
맑은 샘은 돌 위를 흐른다

김옥남

강원 삼척 출생, 서울대 물리과대학 불어불문학과 졸업, 한국문협 60년사 제25대 편찬위원, 세계펜클럽한국본부 회원, 한국산문 이사, 삼우회(재경 삼척출신 문인) 회원, 서울종로문인협회장 3, 4대(2004~2007년) 역임, 2001년 설송 문학상, 2006년 삼척시 공로패 받음, 2007년 한국문학예술 수필상 수상, 수필가, 저서 : 『시간의 향기』, 『고개마루터기 찻집』, E-mail : okcoastk@hanmail.net

솔향의 고장, 문향의 고장을 찾아

김영한

금년 제11회 수필의 날 행사가 〈수필의 역사를 짓다〉라는 주제로 7월 15일과 16일 이틀에 걸쳐 강원도 강릉에서 개최되는데 푸른솔 문학회 회원들이 버스를 전세 냈다기에 동승하여 즐거운 마음으로 행사장으로 갔다. 삶이란 인간끼리의 교착이 성립되고 마음이 통할 때 진정 인간다운 관계가 성립되는 것이라 여겨진다.

일찍 도착, 경포 호수 근처 식당을 찾아 점심을 먹고 가까운 허난설헌 기념관을 향했다. 우리나라 최초의 한글소설인 『홍길동전』의 저자 허균(1569~1618)과 그의 누이이자 조선시대 유명 여류시인인 허난설헌의 문학적 업적을 기리기 위해 강릉시 초당동에 지상 1층 연면적 186m² 규모의 목조 한옥형태로 한옥의 장점을 잘 살려 허난설헌 유적공원 근처에 세워졌다.

허난설헌은 이미 400년 전 여성으로 당당히 문집을 발표한 최초의 천재 시인이다. 본명은 초희, 그녀의 삶은 철저한 불행과 고독의 나날이었으며 그녀의 시가 애상적 기풍을 띤 것은 불행한 삶이었기 때문이다. 그녀의 시에는 여성 특유의 낭만성과 서정성이 작품 전체에 묻어있고 남성에 대한 그리움을 노골적으로 묘사하고 있다.

기념관을 나와 야외배경을 둘러보고 강릉 경포해수욕장에 가 바다의 파도를 보며 인생항로란 말이 생각난다. 험한 파도를 이겨내는 강인함을 지니고 남은 인생, 힘차게 살아가련다. 버스에 올라 목적지인 강릉시청에 도착, 명찰을 받고 행사장에 들어가니 전국에서 모인 400여 명의 수필 작가들이 지인들을 찾으며 반가운 상봉을 하는 모습들이 무척 정겨워 보인다. 세상을 살아가면서 같은 목표점을 향하며 인생길을 걸어가는 것이 삶의 보람이자 기쁨을 생생하게 느끼는 것 같다.

1부 '강릉의 해풍을 맞으며' 로 시작된 개회식에서 수필의 날 운영위원회 지연희 위원장은 개회 인사로 "전국에 산재해 있는 2770여명의 대한민국 수필가들이 친목 도모, 권익옹호, 및 수필문학 발전을 위해 계파를 초월하여 하나가 된다는 일은 아름다운 일이며 서로 손을 맞잡고 미래수필의 방향성을 위해 앞장서자."는 인사말에 공감하였다. 이어 박성규 강릉문협지부장의 환영사, 윤재천 현대수필학회 회장의 수필의 날 선언문 낭독, 유병근, 정혜옥 수필가가 올해의 수필인상을 수상하였고 축사로 최명희 강릉시장, 정종명 한국문협이사장, 이길원 국제펜클럽한국본부 이사장, 권혁승 백교문학회 회장의 순서로 진행되었다.

2부에선 '사람과 사람을 잇는 수필' 로 극작가이자 예술원회원인 신봉승작가의 「조선시대의 수필문학」이란 대주제 하에 《사임당과 이율곡 문학 속 사천문학》의 강연을 통하여 '수필가는 문학적인 수준을 갖춘 인생의 아름다움을 진지하게 적은 것이 순리며 그 순리의 첫째가 문학적이어야 하는 것이 수필문학의 시작이며 필수' 라고 강조하였다.

3부에선 '숲의 향기 문학의 선율을 타고' 에선 한국수필가협회 정목일 이사장의 세계 「산림의 해」를 맞이하여 ≪산림 속의 수필문학을 조명한다≫는 강의를 듣고 이어 숲속 낭독회 시간에 내 작품 중 한 편인 「산 예찬론」을 단상에 올라가 낭독하였다.

"숲은 아니 자연은 아름다움을 지니고 있으면서도 자랑도 없고, 교만함은 더욱 없으되, 침묵을 지키며 의젓한 위용을 인간들에게 보여주고 있다. 숲은 마음의 고향이며 안식처이자 수양처도 되기에 숲을 통하여 꿈을 키우고 고난과 역경을 극복하는 자신감을 배우면서 적극적인 삶을 가지라고 말해 주고 있다. 당장 눈앞에 보이는 이익에 눈멀지 말고, 숲의 영원성을 본받자. 행복하게 살다가 인생의 마지막 순간을 아름답게 장식하여 최후의 안식처인 숲으로 돌아가자. 행복이란 마음먹기에 달렸으니 올바른 마음, 진솔한 마음, 가난한 마음으로 살아가는 사람이야말로 진정한 인생의 승리자인 것이다."

수필 낭독이 끝나고 숲속 작은 음악회를 끝으로 공식 행사를 마치고 17층 식당으로 올라가 만찬을 나누면서 즐거운 시간을 가졌다. 식사 후 관광차로 성산면 어흘리에 자리 잡은 국립대관령자연휴양림으로 이동하였다. 대관령 기슭에 1988

년 전국 최초로 조성된 자연휴양림으로 휴양림내 50년 내지 200년생 아름드리 소나무 숲이 우릴 반기고 있다. 소나무 숲 일부는 소나무 씨를 뿌려 인공으로 조성한 숲으로 학술적 가치가 높은 산림이다.

특히 숲속 수련장은 강의실과 숙박시설, 잔디관장, 체력단련시설, 숲속 교실 등을 구비하여 청소년수련시설로 좋은 여건을 다 갖추고 있다. 숲속의 집에 여장을 풀고 각도에서 참석한 문인끼리의 만남을 통해 정보교환은 같은 길을 가는 동반자들이기에 귀중한 산 체험의 현장이었다. 시설현황으로 숲속의 집과 산림문화휴양관, 숲속 수련장, 야영테크 81개소 등의 현대식 건물을 갖추고 있다.

새벽 5시에 일어나 일행과 함께 아침 산책을 야영테크, 초막철교, 출렁다리까지 갔다가 되돌아오니 단체로 산림문화교육관이 있는 산책로를 따라 숲속 교실로 향하는데 다행히도 숲속 해설사와 동행하면서 자연의 위대함과 소나무의 위용에 대해여 많은 상식을 얻을 수 있었다.

숲속 교실에 도착하니 벌써 많은 문인들이 만남을 통한 아침 장을 열고 있었다. 노래도 시도 거침없이 나오고 내년엔 더 멋진 행사를 하겠다고 자신하는 지연희 위원장의 말에 다들 힘찬 박수를 보냈다. 숙소로 향하면 자연의 숨소리와 역동

하는 생명의 고귀함도 보고 들었다. 계곡에서 흘러내리는 청아한 물소리가 세속에 물든 마음을 씻겨주는 듯하다. 바위에 부딪혀 하얀 물보라를 일으키며 세찬 위용을 자랑한다.

태고의 전설을 간직한 휴양림을 보며 문득 군자의 도가 생각난다. 군자君子란 '성품이 어질고 학식이 높은 지성인'을 말한다. 맹자는 '군자삼락'君子三樂에서 첫째, 부모님이 모두 살아계시고 형제들이 무고한 것 父母俱存 兄弟無故 一樂也 둘째, 하늘을 우러러 부끄럽지 않고, 사람들을 굽어보아 부끄럽지 않은 것 仰不愧於天 俯不 於人 二樂也 셋째, 천하의 영재를 얻어 가르치는 것 得天下英才 而敎育之 三樂也이라고 하였다.

교사로 퇴직한 지 3년이 흘렀지만 바쁘게 활동하다보니 퇴직했다는 실감이 나지 않는다. 지금까지 살아오면서 잘 선택한 것 중 하나에 문학도 포함된다. 한 알의 진주가 탄생하기 위해 무수한 세공을 거쳤듯이 우리의 삶도 다듬고 또 다듬어서 완전한 인생도를 문학작품으로 승화시켜야 한다.

모두 순수한 자연경지에 몰입한 듯 경건한 마음으로 관광차에 올라 경포호수 근처에서 아침 식사를 하고 어제 보았던 허난설헌기념관을 다시 둘러보고 마지막 코스로 경포대해수욕장에서 시원한 동해 바다에 물욕을 다 씻어버리고 내년을 기약하며 아쉬운 작별을 하였다. 강릉 문인협회 전규집 사무국장이 우리 일행을 강릉 여객터미널까지 승용차로 안내해 주어 너무나 고마웠다. 이 글을 통해 다시 한 번 감사드린다. 문학인으로 수필가로서 먼 훗날 독자들의 기억 속에 영원히 살아 숨쉬는 작가로 남기 위한 기회를 준 뜻깊은 행사였다.

한 알의 진주가 탄생하기 위해
무수한 세공을 거쳤듯이 우리의 삶도
다듬고 또 다듬어서 완전한 인생도를
문학작품으로 승화시켜야 한다.

김영한

한국문인협회, 중부문학회, 청주문인협회 회원, 충북문인협회 수필분과 위원장, 충북수필문학 회장, 청주문학상, 충북예총 우수예술인상, 청원예총 우수예술인상 수상, 저서 : 『삶에 이는 여울』, 『마중물』

내 마음의 새벽을 열던 숲

김의숙

숲속의 통나무집. 창 앞에서 어슴푸레 내게 손짓 하는 게 있었다. 아직 어둠에서 덜 깨어난 숲속, 나무들의 허리를 휘 감고 도는 안개, 그 안개 속을 내 속에 가라앉았던 안개도 따라 피어오른다. 조용히 가슴을 연다. 미명의 새벽, 어둠 속에서 소리 내지 않는 발걸음으로 나를 맡긴다. 어둠 속 숲의 호흡과 한껏 공명할 수 있도록 깊이 숨을 모은다. 마음을 비우고 숨을 고르면서 가만히 어둠을 헤치고 나오는 또 하나의 나를 마중한다. 강릉 대관령휴양림의 아침이 어둠을 열고 있다.

두 팔을 머리 밑으로 모아 살그머니 팔베개를 한다. 눈앞에 펼쳐지던 환상적인 모습이 가슴 벅차 조심스레 창 앞에 선다. 한참을 꼼짝하지 않은 채 어둠속을 응시한다. 나는 다시 마음속으로 하얗게 피어오르는 안개를 따라 너울너울 춤을 추기 시작한다. 지나간 세월 속의 나를 끌어안으며 너울거린다. 오십 여 년 전의 어린 나도 만난다. 무언가 불안에 떨고 있는 아이를 꼭 안으며 춤을 춘다. 이내 낯익은 처녀의 손을 잡고 꿈을 꾸듯 춤을 춘다.

곧이어 만삭의 몸으로 뒤뚱대는 모습이다. 시댁의 대소사에 참석하는 일이며, 못마땅한 눈으로 나를 바라보는 시댁 어른들. 조금 더 있으니 초롱초롱한 내 아이들의 눈망울이 한없는 버거움으로 나타나며 더욱 절절한 춤사위를 펴게 한다. 그래도 용기를 잃지 않도록, 늘 소망을 꼭 붙잡고 앞만 보며 살아온 모습에서 춤은 격정의 정점을 이룬다. 아이들의 교육 문제로 정신없던 시절도 있었다. 그리고 그 후로도 삶의 무게는 조금도 덜해지지 않았다.

그럼에도 춤사위는 한결 부드럽게 맴돈다. 언제부터인지 네살배기 손자와 천천히 춤을 돌고 있다. 며느리의 손을 잡고도 너울거린다. 춤사위가 서서히 어둠속을 벗어나고 있다. 나도 모르게 주르르 눈물이 흘러내린다. 그런데도 입가엔 잔잔히 미소가 어린다.

지나간 것은 다 그리움으로 남는 것인가. 꿈마다 만삭의 배로 높은 산을 쫓기듯 오르내리던 날들. 형체모를 두려움으로 밤을 지새우던 날들은 또 얼마나 많았던가. 그때처럼 절절한 마음으로 어둠을 밝히는 오늘, 나는 밝아오는 여명 속에서 내 안에 잠자던 '소망' 이라는 보물 하나를 건져 안는다.

눈물을 흘리기조차 겁이 나 속으로만 삼키던 지난날의 기억들이 이토록 절절한 그리움으로 가슴에 스며드는 새벽, 꿈만 같은 강릉 대관령휴양림의 싱그러운 이 새벽을 나는 잊을 수 없을 것 같다. 긴 세월을 서두름 없이 자연에 순응하며 묵묵히 지켜온 아름드리 소나무의 그 고고함 앞에서 비로소 나는 부끄러워진다. 저들은 내가 겪은 아픔, 슬픔, 고통과 비교도 되지 않을 온갖 풍상을 겪었으리라. 그럼에도 위풍당당한 모습을 하고 유유히 서 있지 않은가.

나도 저 소나무를 닮고프다. 아직은 내 갈 길. 내 할 일이 얼마나 많이 남아 있는가. 눈물은 흘리는 대신 아끼리라. 그런 내 마음을 안다는 듯 키 큰 소나무에서 한 줌 솔잎이 수루룩 소리를 내며 떨어진다. 솔잎 따라 새벽 솔향이 코끝을 스쳐간다. 내게 무슨 얘기라도 해 주는 것인가. 아니 어쩌면 저 소나무의 눈물인지도 모를 일이다.

저들은 내가 겪은 아픔, 슬픔,
고통과 비교도 되지 않을 온갖
풍상을 겪었으리라.

그럼에도 위풍당당한 모습을 하고
유유히 서 있지 않은가.

김의숙

2010년 『한국수필』 등단, 한국수필가협회, 한국수필작가회, 솔샘문학회 회원

태백산맥의 정령, 대관령

김은순(수향)

'구름도 쉬어가는 구비구비마다 한 많은 세월' 이라 누군가 노래 불렀던가. 늘 그 자리에서 외로움 한번 토로하지 않고 사람들의 발자국을 기다리며 묵묵히 옛날 선조들의 한을 담아 온 대관령 아흔아홉 굽이. 길목이 몹시 험난하여 쉽사리 건널 수 없고 데굴데굴 굴러가는 고개라는 뜻에서 대관령의 어원이 유래되었을 정도로, 이 고개를 힘겹게 걸었을 많은 이들을 떠올리며 그 옛날 신사임당은 가마에 올라 친정인 강릉을 바라보면서 한숨짓곤 했었다. 게다가 구비구비 굴곡도 많고 일대에 늘 자욱하게 드리워진 구름 속에 자신을 가린 이곳의 풍광은 예부터 인간에게 경외심을 불러 일으키기 충분한 대자연의 신神과도 같았다. 이 구름들로 인해 눈과 비도 많이 내리는 탓에, 나 또한 우리네 선조들과 다름없이 지금 이곳의 적막한 길을 조마조마 가슴 졸이며 지나간다.

다만 택리지에 이름난 6개령嶺 중 하나인 대관령 일대를 모조리 걸어 누비고 다닌 이중환처럼 지칠 내 다릴 지탱해 줄 나무지팡이는 이제 필요가 없다. 편안히 버스를 타고 바깥을 내다보며 신성한 경치에 마냥 감탄하는 나를 발견한다. 그러면서도 마음 한구석에서는 선조들이 힘들게 넘고 강릉서 서울로 시집가는 새색시들이 가마 속에서 어머니가 그리워 눈물지었을 사연 많을 법한 대관령 고개가 이제는 한낱 그들의 오랜 추억 속의 고개가 되었다는 사실을 깨닫는다. 흘러간 인생의 덧없음과 대비되는 자연의 변치 않는 위엄을 다시 한 번 느끼게 해 준 대관령은 구름 속에 차차 그 모습이 더욱 숨어들며, 지난날의 못다 한 이야기들도 다 함께 산자락 깊숙한 어딘가 고이 간직해 두려는 것만 같다.

대관령휴양림에 마침내 도착했을 때 이슬비가 부스스 내리고 있건만, 아주 가느다랗게 내뿌리는 비조차도 대자연의 숨막힐듯한 압도적인 아름다움을 가릴 수는 없었다. 나도 모르는 사이 깊은 숨을 들이마시자, 들어온 공기는 온통 자연의 향내로 내 코를 자극하며 가슴 속 밑바닥까지 숲속의 싱그러움으로 나를 다시 채우는 듯 했다. 동화 속에나 나올 법한 숲 속의 집들에는 저마다 예쁜 동물들의 이름을 갖고 있었는데 우리는 그 중 '너구리' 란 이름의 아담하고 예쁜 집에 하룻밤을 묵게 되었다.

이윽고 숲속에서의 밤은 전원을 만끽한다는 설렘으로 나를 들뜨게 한다. 선잠에서 이내 깨어나 매미 소리와 풀벌레들의 아름다운 합창과 계곡 물소리의 반주를 들으며 귓가를 어루만지는 소리에 황홀함을 느끼면서 여기가 진정 대관령이란 사실을 온 몸으로 실감할 수 있었다.

눈 비비며 베란다에서 내다본 바깥 풍경은 어젯밤에 어둠 속에서 바라봤던 그 숲과 사뭇 또 달라져 있었다. 주섬주섬 옷을 입고 발 앞에 나 있는 계곡 길을 따라 조심스레 걷다보니 주변의 빼곡한 아름드리나무며 계곡의 티 없이 맑은 물소리가 내 발걸음을 도무지 멈출 수 없게 만든다. 예전 나그

네들이 들이마셨던 이곳의 청정한 공기를 현세의 내가 다시 접하고 있다고 생각하니, 그들과 마치 교감하고 있는 듯 한 기분이 느껴지면서 차분히 나 자신의 내면도 돌아볼 여유가 생겼다. 어떠한 계산도 없는, 태곳적 아름다움을 여전히 간직한 이곳의 자연은 나와의 교감을 반긴다.

사람은 결국 죽어 한 줌의 흙으로 자연 속에 돌아간다는데, 세상 속에서 다른 인간들과 거칠게 부대끼면서도 왜 서로들 외롭다고 아웅다웅하며 살기를 바라는가? 항상 말없이 인간만사를 내려다보고 품어주는 대관령은 수없이 그 아래서 지켜보았던 세상 구경에 대한 이야기들을 다 알면서도 현세의 사람들에게 절대 터놓지 않는다. 인간은 삶의 방편을 찾기 위해 다른 인간들에게서 그 열쇠를 찾길 끊임없이 갈구한다지만 정작 아무 대답 없이 그들과 수천 년을 함께 해 온 자연 속에 어쩌면 진정한 해답이 있는지 모를 일이다.

힘들 때면, 말없이 그저 이 모든 것들을 스쳐 지나가는 하나의 과정이라 얘기하듯 넉넉하게 품어주는 대관령 같은 사람이 되고 싶다. 몇몇 중요한 결과들만이 한 사람의 역사로 기록되고 인정된다고들 하지만, 굳이 어떤 결과로써 그 사람의 진일보된 역사가 극적으로 아직 나타나지 않더라도, 그 안의 수많은 과정들이 지금 이 순간도 그 결과에 아주 조금씩 계속 다다르고 있다는 것을 이 위대한 존재는 단 1초도 빠지지 않고 모두 지켜봐 와서 알고 있으니까.

꿈을 좇아 매진하는 사람들에게 그는 넌지시 알려준다. 대관령 자신처럼 말없이 인내하며 1초, 2초를 꿈을 위한 노력으로 살아가라고. 그렇게 쌓아가고 있는 순간순간이, 아직 사람의 눈에는 안 보일지 모르나 이미 그 사람의 역사가 이루어지고 만들어져 가는 결과의 연속이라는 것을. 태백산맥의 이 거대한 정령을 대하면서 지금 이 짧은 순간에 새로운 다짐을 갖는 나를 대관령은 그저 흐뭇하게 내려다보고 있는 것만 같다.

나도 모르는 사이 깊은 숨을 들이마시자,
들어온 공기는 온통 자연의 향내로 내 코를
자극하며 가슴 속 밑바닥까지 숲속의
싱그러움으로 나를 다시 채우는 듯 했다

김은순

「한국수필」 등단, 미래수필문학회, 한국수필가협회 회원

반도 못 본 왕소나무

김의순

연일 장대비가 쏟아지는 장마철에 원거리 여행이 망설여졌다. 일기예보도 비가 온다고 했고, 폭우로 곳곳에서 비 피해가 속출하는 뉴스를 계속 듣는 중에 선뜻 길을 나서기가 쉽지 않았다. 헌데 의외로 비가 전혀 내리지 않았고, 햇볕이 없어서 여행하기에는 아주 좋은 날씨였다.

교통체증도 없이 정시에 행사장 강릉시청 강당까지 도착해서 차질 없이 세미나가 개최됐다.

원로 극작가이신 신봉승 선생님의 문학 강연에 이어, 수필가협회 이사장인 정목일 선생님의 문학 강연과 수필 낭송이며 작은 음악회까지 마치고 만찬 후에 숙소로 와서 여장을 풀었다. 헌데 숙실 배정표를 보니까 호텔과 달리 숫자가 아니고 나무 이름, 짐승 이름들이였다. 산림관 배정표엔 침엽수니 활엽수, 느티나무 등등이며 숲속 배정표에는 너구리, 곰돌이, 산토끼 멧돼지 등등으로 완전히 정글에 들어온 기분이다. 콘도와 콘도 사이도 밀집되어 있지 않고 멀찍멀찍 떨어져 있어서 보기만 해도 여유로웠다.

내가 투숙했던 방은 멧돼지 방이었다. 여장을 풀고 작가회 회원들은 모인 김에 회의가 있다고 넓은 방으로 모이게 됐는데 참석은 했어도 회의에는 신경을 안 쓰고 마음은 온통 바깥에 나가 있었다. 몇 사람이 권하는 대로 맥주도 마신 터에 회의니 토론이니 다 귀에 들어오지 않았다. 난 불량학생처럼 슬금슬금 기어서 회의장을 빠져나왔다. 그리고 룸메이트를 불러내어 길바닥에 깔개도 없이 철푸덕 앉아서 밤하늘을 올려다봤다. 도시에서 볼 수없는 밤하늘의 별이 보고 싶어서다.

헌데 이게 웬일 무대의 막이 열리는 것처럼 구름이 싹-

걷히면서 청명한 만월이 얼굴을 내밀었다. '참, 오늘이 음력으로 보름이지,' 지루한 장마 중에 햇빛도 보기 어려운데 한밤에 새하얀 만월은 만나다니! 마치 횡재를 만난 기쁨이었다. 시간은 자정을 지난 지가 한참 되는데 자꾸만 누구를 더 불러내고 싶었다. 내친김에 저 아래까지 내려가서 아까 건너 올 때봤던 다리 밑에 흐르던 냇물을 다시 보고 싶었다.

우리는 또 그 다리까지 가서 소용돌이치는 물굽이를 내려다보면서 가까이 가서 발을 담그고 싶은 충동을 가까스로 억제하며 큰 소리로 목청껏 소리소리 질렀다. "애들아~ 니들 어딜 그렇게 급히 가니~ 쉬었다 가면 안 될까~" 하면 아이처럼 까불면서 나이를 잊어봤다.

들어 가자거니 싫다거니 실랑이를 하다가 아주 이슥해서야 겨우 숙소로 돌아왔다. 잠을 쉽게 청하지 못하고 뒤척이다가 새벽녘에 늦잠을 이기지 못하는데 다들 아침 산책을 나가고 나만 빈 방에 혼자 남았다. 아무도 없는 숙소에서 방마다 창문을 다 열어 놓고 환기를 시켜 청정한 산소로 공기를 바꾸고 테라스로 나갔다. "어? 이게 뭐냐, 지난밤에 못 봤는데." 테라스 복판에는 아름드리 왕 소나무의 몸통이 의연히 버티고 있었다.

표지판에 수종과 수평이 적혀 있었고, 수령이 90년이라고 쓰여 있는데 수령만 봐도 경이로웠다. 한자리에서 뿌리를 내리고 산을 지켜온 생명력과 온갖 풍상을 이겨낸 인고를 잠시 생각해 봤다. 마치 해탈한 성자처럼 무언의 성구로 속된 나를 타이르는 듯 했다.

표피는 용의 비늘처럼 투각으로 치장하고, 몸통 지름이 육중한 위용으로 버티고 있으나 육안으로 보이는 부분은 마루에서 지붕까지 불과 3m도 채 안되고, 뿌리 부분도 볼 수 없고 더구나 지붕 바깥으로 나간 부분은 가지며 잎은 전혀 볼 수 없으며, 몸통의 지름을 가늠해 보고 수령 년 수를 재는 것이 고작이지만 그 나무의 울울한 기운과 장수한 생명력을 겸한 왕소나무와 지난밤을 한 침실에 들었었다는 사실이 가슴을 뜨겁게 했다.

나무를 양 팔로 안아보고 손바닥으로 쓱쓱 쓰다듬고 표피에 입을 대고 속삭였다. "앞으로 더 오래오래 장수하고 천수를 누리면서 산을 지켜 달라."라고 주문을 외었다. 그리고 그 집을 설계한 분이 누군지는 몰라도 참 고마웠다. 나무를 함부로 베어내지 않는 덕성과 설계한 지혜를 생각하고 있는데, 창밖에선 청량한 새소리가 낭랑했다.

새를 보려고 밖을 내다 봤지만 새는 보이지 않고 까마득한 저 아래쪽을 내려다 봤더니 폭포 같은 물줄기가 구비치고 있었다. 지난 밤 내내 잠결에 들리던 소리가 저 물소리였음을 알게 했다. 비탈에는 수령을 짐작할 수 없는 왕솔이 빽빽이 서 있고, 드문드문 자리 잡은 바위를 휘감는 물줄기는 마치 천상에서 풀어내는 비단 폭처럼 실크 같은 물줄기가 끝없이 이어지고 있었다. "너희는 어디서 와서 어디로 속절없이 가느냐?"는 깊은 철학 따위는 묻고 싶지 않다. 그냥 아름다워서 눈에 보이니 즉흥적으로 좋고, 물소리, 바람소리, 새소리를 귀로 들으니 감미로워서 좋을 뿐이다.

산책 나갔던 이들이 하나, 둘 들어 왔다. 난 그들을 들어오는 대로 테라스로 데려가서 계곡 물을 보게 하고 물소리 바람소리 새소리를 듣게 하고 왕소나무를 안아보라고 했다. 그들은 나보고 산책 안 나가기를 잘했다고 했다.

난 불량학생처럼 슬금슬금 기어서
회의장을 빠져나왔다.

룸메이트를 불러내어 길바닥에 깔개도
없이 철푸덕 앉아서 밤하늘을 올려다봤다.
도시에서 볼 수없는 밤하늘의 별이 보고
싶어서다.

김의순

1990년 「한국수필」 천료, 국제펜한국본부, 한국문인협회, 한국수필가협회 회원, 한국수필작가회 이사, 2007년 수필문학상 수상, 저서 : 수필집 『고양이의 후예』, 『학이 열리는 내 작은 전설』, 『아버지의 치마』, 『아직도 그곳에는』

글은 글이 말한다

김종선

계곡의 물소리는 추적추적 내리는 빗소리로 착각할 만큼 어쩜 그리도 같은지 문을 열고 내다보고야 확인할 정도였다. 한 박자도 오차 없이 같은 멜로디로 흘러간다. 밤은 깊어 가는데 아무리 잠을 청해도 정신은 오롯이 말짱하다. 집을 떠나면 내가 가장 걱정하는 일이 바로 이런 시간들, 그래서 당일치기가 아니면 잘 나서지 않는 편이다.

'수필의 날' 행사 안내문을 받았다. 한 귀퉁이에 내 이름이 보였고 수필의 환기가 절실한데다 특히 장소가 강릉이기에 참여하기로 했다. 산수 수려한 제일의 관광도시 강릉, 철썩철썩 흰 거품을 몰고 주름지어 밀려드는 파도, 경포대의 먼 수평선을 바라보며 찌든 스트레스를 날리고 오죽헌을 비롯한 역사의 장도 둘러보며 문우들과 어울리고 싶기도 했다.

시간은 자꾸 흐른다. 한방의 친구들은 이미 곯아 떨어졌고 자정을 넘긴지도 오래 인듯한데 이리저리 뒤척이던 나는 답답증에 슬며시 밖으로 나왔다. 아, 그런데 청청한 하늘의 휘영청 달님이 교교한 빛을 발하며 나를 보고 웃는 게 아닌가. 강원도의 달이라고 특별하지 않을 진데 어찌 저토록 크게 보이는 걸까? 수년 전 어느 날, 한밤중 미시령을 넘으면서 마주한 달님이 바로 여기에 있었다. 약 2,3백m 만 달려가면 보듬어 안을 수 있을 만큼 가깝게 느껴졌던 쟁반같이 둥근 달, 참으로 신선하다. 아마도 마음의 파문에 따라 달리 보일 수도 있나보다.

대관령휴양림, 구불구불한 산길을 한참이나 달려온 깊은 산속, 쭉쭉 뻗은 나무들이 무성한 잎을 달고 위풍당당 버티고 서있다. 새삼 천혜의 아름다운 곳임을 상기하면서 뒤를 돌아본다. 갖가지의 상념들이 고개를 내밀며 나를 조명한다. 그러고 보니 잠 좀 못 잔다고 투정할 일은 아닌 것 같다. 오히려 자연과 함께하는 이 여유로운 휴식공간이 귀중하게 느껴졌다. 자신을 철저하게 돌아보는 일 얼마나 소중한 일인가.

어떤 슬로건을 내걸고 거창한 행사를 치르는 일은 몸집을 불려 위상을 튼튼히 하고 내실을 다지는 계기로 볼 수도 있지만, 그러나 그 결과의 정답은 아마도 각자의 몫으로 자리할 것이다. 겉모습이 실제의 잣대와 꼭 같지 않음을 우리는 생활에서 너무나 많이 느끼면서 살고 있다. 삐뚤게 보아서가 아니라 그러한 모순은 삶이란 테두리 안에서 부정할 수 가없다. 이번 행사에서 특히 내 귀를 쫑긋 세운일은 「산림속의 수필문학」이었다.

"인간은 숲속에서 등장했다. 숲은 인류의 고향이며 모태이다. 산은 자연공간이란 개념에 그치지 않고 이상향을 상징하는 것이다. 한국인은 산정기를 타고나서 죽으면 산에 묻히는 까닭으로 산은 태생지며 죽어서 돌아가야 할 회귀 처다. 산림을 잘 가꾼다는 의미는 인간의 삶을 건강하고 행복하게 하는 일……."

새삼 마음에 새긴다. 숲의 혜택에서 인간이 멀어질 수 없고 또한 산림은 자연과의 연계를 떠 날 수 없으니 수필이 인간의 본령을 찾는 일이라면 어찌 자연에서 멀어질 수 있을 것인가? 언제나 그분의 글에선 참 많이도 건지게 되는데 이번강연에서도 '역시' 란 말이 나도 모르게 튀어나왔다. 어쩌면 이번 행사를 이렇게 아름다운 강릉에서 치른 일도 주제와 무관하지 않을 듯하다.

다른 이들과 소통, 교감하는 컴퓨터 블로그 운영을 꽤 오래전부터 해오고 있다. 거기에 큰 주제가 '자연스럽게 살다 자연으로 돌아가다.' 이고 닉네임이 목향木香인 것만 보아도 내 생활의 모토나 사유가 오래 전부터 자연과 숲과 무관하지 않다는 증표일 것이다. 문학이란? 언어를 매개로 하는 예술이기에 그 어느 영역보다도 독자층에 큰 영향을 준다. 수필 또한 문학 안에 존재하지만, 다른 분야와 달리 허구성을 크게 허용하지 않으니 우리의 일상과 더욱 가깝다고 할 수 있겠다. 논픽션이 픽션보다 진한 감동을 안겨주는 일은 흔하게 접하는 일 아닌가. 그러기에 수필이란 장르를 경시하는 일은 큰 오산이다.

'수필은 붓 가는 대로 쓴다.' 라는 말이 현재도 심심찮게 오르내리는데 이제 좀? 멀리 날려 보냈으면 싶다. 하긴 나도 꽤 오래전에 '아마도 그 말은 거짓 없이 유려한 문장을 쓰라는 말이구나.' 라고 나름대로 풀이한 적이 있었지만, 지금은 그 말이 많이 퇴색되어있다. 어떻게 글이 그렇게 가볍게 쓰여질 수 있는가? 무릇 글은 예술적 향기와 철학적 교시, 진실 되고 성실한 삶, 해박한 지식, 풍부한 감성이 농축되었을 때 좋은 글이 될 수 있을 것이기에 수필이라고 예외일 수 없는 것이다. 수필은 곧 인품의 문학이라고 하지 않는가.

숙소가 배정된 후 작은 모임이 있었다. 여기에서 이구동성 말들이 꽤 분분했다. 물론 건설적인 의견임을 전제로 두었지만, 와중 한 평론가의 교통정리는 검은 장막의 한 줄기 빛이었다. 늘 마음에 두었던 일인데도 그 한 말씀은 새롭게 발견된 듯 참으로 가슴이 후련했다. 무릇 작가들은 자기 그룹의 세나 몸집에 있는 게 아니고 부단한 밀실의 작업에 치중하면 되지 않겠느냐는 요지의 말씀이었다. 그렇다. 다른 말이 뭐 필요한가. 겉치레는 꾸미지 않음이 더 순수할지도 모른다. 글은 오직 글이 말할 뿐이다. 새벽녘 겨우 잠이 들어 한두 시간 수면을 취한 것 같은데 그래도 아침 기분이 맑은 것은 지레 겁먹고 올까말까 망설이던 이유가 싹 가신 탓이다.

한여름 우중이기에 눅눅할 것 같은 이부자리, 해충의 기습공격을 염려했는데 걱정했던 일들은 한갓 기우에 불과했다. 목조건물이 이렇게 쾌적한 공기와 습도를 조절해주는 단열재라는 것을 새삼 느꼈다. 건축자재중 살아있는 생명체인 나무만이 가지는 특성이란다. 아무튼 청결한 숙소 제공을 위하여 애써준 분께 고마웠다. 바다에 인접한 산 좋고 물 좋은 아름다운 강원도! 이곳에 사는 이들은 한 마디로 복 받은 행복한 사람들이다. 피곤한 심신을 뉘이고 싶은 곳이다. 끝으로 이번 행사에 관여한 운영진을 비롯한 모든 분들, 또한 경포대에서 버스터미널 까지 태워준 강릉 시청 직원께 거듭 고마움을 전한다.

인간은 숲속에서 등장했다.
숲은 인류의 고향이며 모태이다.
새삼 마음에 새긴다.

김종선

충북 출생, 1990년 「한국수필」 등단, 초등학교 교사 재직(39년), 한국문인협회, 한국수필가협회 회원, 전국 국민독서 경진대회 최우수상, 정의사회구현 전국교단수기 최우수상, 국민훈장(목련장) 수상, 민통 중앙협의회 주최 통일문예 당선, 저서 : 수필집 『내 가슴의 별』

산막이 옛길

김진웅

오셔유! 즐겨유! 2010년 '대 충청 방문의 해' 의 가을 어느 날, 말로만 듣던 '산막이 옛길' 을 교직원들과 함께 다녀온 후 그 감동을 지금도 잊지 못하여 금년 여름 가족들과 함께 다시 다녀올 수 있는 소중한 기회가 있었다.

충북 괴산군 칠성면 외사리 사오랑 마을에서 산막이 마을까지의 약 3.1km로 왕복 6Km 남짓이며 소요시간은 2시간 정도였다. 괴산군에서 옛길을 복원하여 산책로로 꾸며놓았는데, 괴산댐 호수와 어우러져 다듬어놓은 이 길은 산과 물, 숲이 어우러지는 아름다움은 요산요수樂山樂水를 일깨워주는 전국적인 새로운 명소로 자리매김하고 있다. 또한 자그마한 통통배를 타면 아담한 괴산호에서 더욱 추억을 만들고 낭만을 즐길 수 있다. 이처럼 자연환경을 잘 보존하고 활용하면 전국 어느 곳에 있는 관광지보다 손색없는 훌륭한 관광자원도 되듯이, 모든 일이 참신한 발상發想과 아이디어에서 출발하는 것이 중요하다는 것을 깨닫게 한다.

수풀 내음 싱그러운 산바람과 산들거리며 불어오는 강바람이 마냥 정겹고, 걷는 동안 자연과 동화되는 나를 발견할 수 있었다. 주차장은 괴산군 칠성면 사은리 549-1인 사유지라고 한다. 요즈음 대학교나 행정기관 그리고 인술仁術을 편다는 병원까지도 유료인 각박한 세태에 개인재산으로 조성된 주차장만 보아도 산막이의 후덕한 정을 느끼게 하였다.

옛날에 사오랑 서당이 여름철 야외학습장으로 이용하였다는 고인돌 쉼터, 호젓한 오솔길에서 예술인들의 시를 감상하며 삶을 반추反芻하고, 미래를 설계하자니 소나무의 피톤치드(phytoncide)향에 취하는 것 같다. 신기하게도 뿌리가 서로 다른 나무의 가지가 한 나무처럼 합쳐져 사랑을 상징하는 연리지도 감동적인데 그 앞에 최근에 조성된 것 같은 묘지가 상상의 나래를 펴게 한다. 괴산호 푸른 물과 더불어 수십 년 된 소나무가 군락을 이루는 만평 정도의 소나무동산이며 산책로에 시원한 물과 숲에서 묻어오는 솔향기가 우리를 반겨주었다.

소나무를 연결하여 짜릿함을 만끽할 수 있는 출렁다리, 나무가 서로 사랑을 나누는 모습으로 천 년에 한 번 십억 주에 하나 정도 나올 수 있다는 음양수인 정사목, 노루와 토끼 등 야생동물들이 다니면서 목을 축인다는 노루샘, 실제로 호랑이가 살았다는 것을 재연하듯 땅굴 속에서 방금 나온 형상으로 호랑이 한 마리가 마중 나온 호랑이 굴이다.

아름다운 여인이 옷을 벗고 엉덩이를 보이며 무릎을 꼬고 앉아 있는 듯한 미녀참나무, 앉은뱅이가 지나가다 물을 마시고 난 후 효험을 보고 걸어서 갔다고 하는 앉은뱅이 약수, 한여름에도 한기를 느낀다는 얼음바람골, 금방이라도 하늘을 날아오를 것만 같은 매의 머리 형상을 하고 있는 매바위, 커다란 바위가 뫼산山형상을 하고 있는 괴산바위, 요즈음 보기 드문 가재가 금방이라도 기어 나올 것 같은 가재연못.

멀리 이집트에서 산막이 명성을 듣고 왔다는 스핑크스 바위, 자그마한 아이디어도 소중한 자원이 됨을 깨닫게 해주는 다래덩굴 터널, 느티나무를 이용하여 야심차게 만든 괴음정 전망대, 유리로 만든 바닥으로 아스라이 공중에 떠 있어 다리가 후들후들하는 고공전망대.

옛날에는 마을이 있어 13가구 50여 명의 주민이 살았다지만, 지금은 몇 명의 주민만이 살고 있는 집에서 산막이의 별미인 막걸리 한두 잔으로 목을 축이고 산새 노래에 발맞춰 걷다보니 온갖 시름을 잊을 수 있고, 몇 년 전 갔던 울릉도 해안산책로와 제주도 올레길이 생각났고, 사람과 자연은 하나라는 진리를 깨닫게 하는 길이다.

백 년도 제대로 못사는 사람들이 제 세상이라고 큰 소리를 치면 가소롭다는 듯 의연한 모습의 바위들과 절벽으로 드리워져 있는 노송의 자태는 우리에게 경종을 울려주며 이곳의 역사를 모두 알고 있지만 말없는 교훈을 주고 있다.

울울창창 그야말로 사방이 산으로 막혀 있는 산막이고, 옆으로는 시퍼런 저수지 물이 유유하게 흘러간다. 옛날에는 이 길을 주민들이 산막이 마을을 왕래하고 땔나무를 하는 등 삶을 위한 생계수단으로 드나들었지만, 지금은 길손들이 건강을 다지고 스트레스를 풀고, 재충전을 한다고 인산인해人山人海

를 이룬다. 그동안 짧은 몇 십 년 동안 눈부시게 국력이 커지고, 이만큼 여유롭게 잘 사는 덕분이라는 생각에 나라의 고마움과 함께 격세지감마저 느끼게 한다. 자라나는 청소년들은 혹시 모든 것이 저절로 된 것처럼 생각하지는 않을는지.

제주도 올레길, 지리산 둘레길과는 달리, 이곳은 옛날 나뭇짐을 지고 다니던 오솔길을 친환경적으로 정비한 길이다. 이런 산막이 옛길처럼 우리 인생길도 평탄한 길을, 때로는 험하고 비탈진 길을 그것도 무거운 짐을 지고 오르내리는 것은 아닐까! 돌이켜보면 필자도 지금까지 무거운 짐을 지면서 살아온 것 같다. 이 길을 걸으면서 떨칠 것은 과감하게 떨치며 마음의 짐을 벗고 기氣를 받는 것 같다. 덕분에 남은 삶의 여정旅程이라도 더욱 순탄하고 행복하고 보람있게 살아갔으면 하는 바람이다. 그저 앞만 보고 달려야 했고 누구에게 뒤처질까 조바심을 하며 무작정 달려왔는데-.

마음을 비우면 이렇게 편안하고 행복한 것을! 지금 이 순간, 바로 이 순간을 가장 소중하고 알차게 최선을 다하여 살아야한다고 하늘과 산, 호수, 숲이 아름답게 어우러진 산막이 옛길이 속삭여 주었다.

옛길처럼 우리 인생길도 평탄한 길을,
때로는 험하고 비탈진 길을 그것도
무거운 짐을 지고 오르내리는 것은 아닐까!

김진웅

충북 청원 출생, 2010년 계간 「만다라문학」 봄 호 수필부문 등단, 충북글짓기지도연구회 지도위원, 충북수필문학회 편집위원, 충청일보 「충청시론」 등 게재 중(2010.5~), 현 청주 경덕초등학교 교장, E-mail : kimbanyah@hanmail.net , kjw6715@cbe.go.kr

초록 날개

김태실

지구에 존재하는 모든 것은 같은 종끼리 통한다. 새는 새끼리 통하고 벌은 벌끼리 어울려 산다. 사람은 사람들 틈에서 살아가듯이 나무는 나무끼리 통할 것이다. 사람이 태어나고 싶은 곳을 선택해서 태어날 수 없듯이 나무 또한 자신이 살아갈 터를 고르지 못한다. 사람의 손으로 심겨지거나 바람의 이끌림에 뿌리를 내리는 곳이 삶의 터다. 원하든 원치 않든 자신의 존재가 생겨난 순간부터 최선을 다해 살아내야 하는 생이 있을 뿐이다. 크고 작은 무리를 이루는 나무의 나라 숲은 지구 곳곳에서 초록 숨을 쉰다. 나무동네에서 그 숨을 호흡하며 세월을 읽는다.

몇 년 지나지 않아 쑥쑥 크는 나무가 있는가 하면 수십 년 혹은 수백 년이 지나도 세월을 정확히 가늠하기 어려운 나무가 있다. 비교적 햇수와 나무의 굵기는 비례한다고 볼 때 밑동이 굵은 나무가 오래 되었다고 볼 수 있겠다. 대관령자연휴양림에는 굵기가 다른 나무들이 서로 다른 간격을 두고 서 있다. 숲에 들어서자 초록 기운이 온몸을 감싼다. 도심에서 부딪치며 견뎌온 가슴앓이가 내려놔 지면서 편안하다. 고향 어귀에 들어선 듯 행복이 차오르고 자라온 세월을 짚을 수 없는 크기의 나무들이 동네 골목처럼 반갑다. 나무 곁을 지난다. 그들의 말은 알아들을 수 없어도 나무의 가슴은 느낄 수 있다. 담쟁이덩굴이 타고 올라도 순연히 몸을 내어주며 함께 가는 따뜻한 심성이다.

나무동네를 거닐었다. 생명의 물을 끌어올려 짙푸른 옷을 입고 자신의 자리를 지키는 나무 사이를 걸었다. 쭉쭉 뻗은 나무 사이에 조금 휘어진 모습이 보인다. 가까이 가보니 투박하고 거친 결은 할머니의 깊은 주름을 닮았고 휘어진 채 흔들리는 가지와 이파리는 할머니의 팔과 손을 닮았다. 나뭇결을 쓰다듬어 보고 기대어 눈을 감았다. 할머니의 품이다. 외갓집에 가면 안기던 그 가슴이다. 그 품에서 해결되지 않은 문제는 없었다. 부채바람을 부쳐주며 쓰다듬어 주시던 할머니의 푸근한 모습이 보인다. 온몸을 훑는 시원한 바람에 눈을 떠보니 나무에 기대 행복해하는 여인이 있다. 할머니가 그리운 중년의 여인은 팔 벌려 나무를 안고 한참동안 그 숨소리를 듣다가 발길을 옮긴다.

싱싱한 나무들 틈에서 유난히 우람한 나무를 발견했다. 키는 구척 장수요 몸통은 씨름선수처럼 탄탄하다. 살아가자면 다른 나무들보다 생수가 많이 필요하고 햇빛도 더 끌어들일 것이다. 주위 나무들보다 양분을 더 취하며 약한 나무의 입장을 살펴주지 않을 수도 있다. 아버지가 그랬다. 하늘 아래 둘도 없는 권위로 당당했던 아버지, 우뚝 솟은 산이요 고독한 나무였다. 다 큰 자식들은 어려워하며 가까이 할 수 없었지만 철없는 새끼 다람쥐는 나무를 타고 올라 그 품에서 놀았다. 안고 얼러주며 즐거워하시던 아버지였다. 위엄 있고 근엄할수록 마음 한 구석은 외로울 수 있다는 생각이 든다. 흙이 된 아버지를 누구도 탓하지 않듯이 나무동네에선 아버지

같은 나무를 원망하지 않는다. 서로의 삶을 인정하며 함께 사는 나무의 마음이다.

숲의 가슴이 안온하다. 폐부에 스며드는 향긋함, 어머니의 향기다. 많은 나무들을 올곧게 설 수 있도록 붙잡아 주고 다독이는 어머니의 품이다. 삶이 고달플 때 어머니를 찾으면 평온을 되찾곤 했다. 문제에 쌓여 고뇌할 때도 어머니가 들려주는 이야기에 답답함을 날려 버릴 수 있었다. 깊고 깊은 어머니 마음의 호수는 깊이를 잴 수 없었고, 넓고 넓은 어머니 가슴의 넓이는 측정조차 할 수 없었다. 그 품 같은 나무 동네를 마냥 거닐었다. 어머니의 사랑 가득한 눈빛에 일어서고, 다시 일어섰던 것처럼 숲의 정기를 받으며 새 힘을 얻는다. 세상을 향긋하게 살아갈 체취를 흠뻑 마신다.

나무동네를 돌아 나오는 길에 어린 나무를 보았다. 귀를 가까이 대어 보니 젖을 빠는 아기처럼 심지를 타고 흐르는 물소리가 힘차게 느껴진다. 어머니 젖가슴에 안겨 있으니 잘 자랄 것이다. 아빠 나무, 할머니 나무도 있으니 행복한 아기 나무라는 생각이 들었다. 지금 내 곁엔 아무도 없다. 함께 호흡했던 고향같은 가족이 없다. 하지만 숲에서 세월을 거슬러 만남을 가졌다. 할머니 손길을 느꼈고 용기를 주던 아버지를 기억 했다. 부드럽고 사랑 가득했던 어머니같은 숲의 가슴에 안

겼었다. 고뇌 많은 세상 살아낼 힘을 얻었다. 이제야 초록 숨이 쉬어진다. 초록 날개 펴진다.

투박하고 거친 결은 할머니의 깊은
주름을 닮았고 휘어진 채 흔들리는
가지와 이파리는 할머니의 팔과 손을 닮았다.
나뭇결을 쓰다듬어 보고 기대어 눈을 감았다.
할머니의 품이다.

김태실

「한국문인」 수필부분 신인상, 「문파문학」 시부문 신인상 당선 등단, 문파문학회 상임운영이사, 동남문학회 회장 역임, 한국문인협회, 국제펜한국본부, 한국수필가협회, 가톨릭문인회 회원, 제3회 동남문학상, 제8회 한국문인상 수상, 저서 : 수필집 『그가 말하네』, 공저 『시간 속을 걸어가는 사람들』 외 다수

part 02

바람의 언덕에 오르다

산행

김한성

산에 오르면 산의 일부가 된다. 두 팔을 벌리고 서면 내 발에도 어느새 뿌리가 내리고 몸에는 한 잎, 두 잎, 잎이 돋고 산 냄새가 온몸에 배어드는 착각에 빠지게 된다.

지난 주말에 고향 뒷동산을 찾았다. 내가 고향을 찾을 때마다 잊지 않고 오르는 산이며, 가난했던 어머니의 한이 서린 산이다. 엿을 사달라고 조르는 자식들을 달래려고 찔레를 꺾기 위해 어머니는 나를 업고 산에 오르셨다. 찔레를 꺾어 들고 내려오던 어머니는 그만 발을 헛디디어 손목이 부러지셨다. 가난 때문에 치료를 받지 못한 어머니의 오른쪽 손목은 지금도 제자리를 잘못 찾아서 힘을 쓰지 못하신다.

나는 일하시다 시린 손목을 잡고 고통스러워 하시던 어머니의 모습을 수없이 보아 왔다. 그리고 어머니 손목을 잡고 눈물을 글썽거렸던 기억이 난다. 산 중턱에는 지금도 찔레 몇 포기가 자라고 있다. 나는 그 옆에 앉는다. 어머니께 불효했던 갖가지 일들이 떠오른다. 그 하나하나의 일들이 찔레 가시가 되어 내 마음을 찌른다.

내가 근무했던 산간벽지의 ㄱ 분교는 산으로 둘러싸여 있었다. 나는 매일 산에 올랐다. 산에 오르면 모든 것이 점점 작게 보인다. 학교, 교회, 동구 앞 느티나무, 사람, 자동차, 소……. 학교 운동장에 몇몇 어린이가 시간 가는 줄 모르고 뛰어놀고 있다. 그 어린이들도 점점 작아진다. 어린이들의 이름이 다르듯이 생김새도 모두 다르다. 조금 떨어진 곳에서는 그들의 뒷모습만 보아도, 걸음걸이만으로도 누구인지 단번에 알 수 있다. 산에 좀 더 높이 오른다. 그 특징이 사라져 간다.

그들을 구별할 수 없게 된다. 더 높이 오르면 남녀도 구별할 수 없게 된다.

산을 내려와서 산 둘레를 흐르는 맑은 시냇물에 발을 담근다. 시냇물은 커다란 거울이 되어 내 모습을 비춰 주고 있다. 나는 시냇가의 모래알을 한 움큼 쥐어 본다. 그 크기가 모두 같아 보인다. 그러나 엄밀히 따져 보면 같을 수가 없다. 그 모래알이 조금 작다면 얼마나 작으며, 조금 크다면 얼마나 크랴. 그 차이란 정말 미세한 것이다.

처음으로 비행기를 타고 여행할 때의 일이다. 비행기가 이륙할 때는 전송하는 가족과 친지들을 또렷이 알 수 있다. 그러나 그도 한순간 개별적인 앎이 사라지고, 남녀의 구별이 사라지고, 더 높이 오르면 생물과 무생물의 구별마저도 사라진다. 한 작은 점으로 남을 뿐이다. 더욱 더 높이 오르면 유有와 무無의 구별마저도 사라져 버린다.

산을 내려온다. 사라져 갔던 특징들이 하나, 둘 나타난다. 그러나 산에 오르기 전의 마음과는 무척 다르다. 사람들은 태어나서 죽을 때까지 작은 차이 때문에 서로 다르게 살아간다. 그렇지만 모두가 같은 크기의 존재 가치를 가지고 있음을 산에 오르며 배울 때가 있다.

명작을 읽을 때, 위대한 인물을 만났을 때, 힘겨운 인생의 산등성이를 넘으며 갖은 어려움을 이겨내신 분들의 주름진 얼굴을 대할 때, 나는 가끔 높이 솟은 산을 느낄 때가 있다. 그리고 가끔 평범하게 살아가는 분들에게서도 똑같이 산을 느끼곤 한다. 결코 평범하지 않은 많은 부분들을 그들의 생활에서 찾을 수 있기 때문이다. 나는 산에 오르듯이 그 경지에 도달하고 싶어진다.

산에 오를 수 없을 때는 먼 산을 바라본다. 그러노라면 마음은 어느새 산속의 떡갈잎 하나가 되어 푸르게 흔들리고 있다.

명작을 읽을 때, 위대한 인물을 만났을 때,
갖은 어려움을 이겨내신 분들의 주름진
얼굴을 대할 때,

나는 가끔 높이 솟은 산을 느낄 때가 있다.

김한성

「수필공원」, 「에세이21」 등단, 한국문인협회, 국제펜클럽한국본부 회원, 대구문인협회수필분과 위원장, 영호남수필문학 대상 수상, 2008년도 한국문화예술위원회 창작지원금 받음, 저서 : 수필집 『해바라기』

산과 인간

김홍은

산

인간은 자연을 떠나서 살 수가 없다. 속담에 '시냇물 곁에서 사는 것은 강가에서 사는 것만 못하고, 강가에 사는 것은 바닷가에 사는 것만 못하다.' 고 한다.

예로부터 인간은 자연과 깊은 관계를 유지하며 살아오

고 있다. 선인들은 천 · 인 · 지天人地의 자연사상을 담고 있었으며, 그중에서도 하늘, 땅과의 관계를 가장 중요시 하고 있다. 누구나 자연이 아름다운 곳에서 몸과 마음을 편안하게 하고 살고 싶어 한다. 이런 장소를 찾는 방법으로 풍수설風水說을 주장하게 되었다.

산고수장山高水長이라고 높은 산이 있어야 물 높은 산이 있어야 물길이 사시사철 끊어지지 않게 된다. 산이 높아야 깊은 계곡을 이루게 되고, 물이 쉬지 않고 흐른다. 물은 생명을 유지한다. 노자도 곡신불사谷神不死라고 말하지 않았던가.

산은 인간의 영원한 어머니다. 높은 산이 있어야 바람을 막고, 맑은 물을 얻는다. 살다보면 장풍득수藏風得水를 왜 모르랴. 풍수는 중국의 양자강 황하유역黃河流域에 사는 사람들로부터 시작 되었다고 한다. 고비사막에서 불어오는 바람이 괴로웠고, 비가 오면 홍수로 물이 넘쳐나 무서웠다. 왕들은 치산치수治山治水를 다스림이 백성을 아끼는 일이 되어 풍수를 따지지 않을 수 없었다.

풍수는 산과 물의 조화로움이다. 나무를 심고 기르는 덕을 쌓아야 풍요로운 산이 있어 요산요수樂山樂水를 즐길 수 있게 되리.

무주공산 無主空山

조선왕국은 민심을 사려고 건국 초기부터 '산림천택여민공지山林川澤與民共之'를 표방하는 산림공유를 기본으로 삼았다. 국가는 권세가가 개인적으로 산림을 소유하는 것을 금지하는 사점폐단私占弊端을 개혁하였다. 한편으로는 백성의 이용을 제한할 수 있는 산림을 지정하였다. 산림 내에 자리 잡고 있는 분묘墳墓의 경우는 점유범위를 정하는 직급별 묘지계한보수墓地界限步數를 제한하는 제도를 두어 범위의 산림 소유를 인정하였다.

국가에서는 산림을 풍수사상에 입각하여 한성부漢城府의 경관景觀, 비보裨補를 위해 설정한 도성 내외의 사산四山을 지정하였다. 특정용도에 따라서는 왕의 관이나 조정의 관가를 지을 때 사용할 송림을 보호하기 위해 황장봉산黃腸封山, 금산禁山이 60여 곳의 산을 지정하기도 하였다. 또한 군사훈련과 국왕의 수렵을 위하여 금하였던 강무장講武場이 있었고, 국가기관의 연료목燃料木을 위한 관용재료官用材料를 조달하는 시장柴場외, 말을 방목하는 목장牧場 등을 마련하여 보호하였다.

풍성한 산림을 조성하려는 노력은 그러나 사회적인 혼란기를 거치면서 산림의 보호정책이 해이해지고, 산지사점山地私占은 개간으로부터 소유권을 부여하는 권한을 국가가 가지고는 있었으나 점점 문란해져 갔다. 이로써 무주공산無主公山이라는 개념의 산림공유 사상은 최근 50십 년대까지도 이어져 왔었다. 산림의 공동 이용권은 동유림洞有林으로 형성 되었으며, 마을 주민들에게는 입회권入會權으로 계승되기도 하였다. 산림을 마을 주민들이 공동으로 들어가 필요한 임산물 채취가 자유롭게 이루어져 왔다. 이런 연유로 인하여 오늘에 이르기까지 산림에 대한 인식이 고정되어있음은 다시 한번 생각해 볼 일이다.

묘지정비

국토라 함은 현재는 물론 미래에 있어서도 국민의 번영을 위한 민족 공동사회의 경제적 기반과 국민생활의 안전을 위한 토지이다. 인간이 생활하고 있는 장소에는 고래로부터 사자死者에 대한 장제葬祭가 행하여져 왔다. 그 장례 방법은 그 지역이나 국가에 있어서도 다르다. 한국은 현재 화장제도와 매장제도가 있으나 화장제도를 이용하는 사람은 많지 않다. 한편 산업구조가 농업에서 공업으로 전환되고 인구도 급증함에 따라 사자의 수도 늘고 있어 협소한 국토에는 묘소가 계속 증가하고 있다.

현재 전국의 묘지는 2000여 만기로 추정되고 있다. 이 분묘가 점유하고 있는 산림은 경작이 가능한 토지에 산재하여 있다. 또한 매년 신설되고 있는 분묘만 하여도 많은 면적이 잠식되어가고 있다.

한국의 임야소유 형태를 보면 영세규모인 1ha미만의 산주는 거의 묘지를 이용하고 있다. 이외의 소규모의 산림도 산림 경영의 목적에 있는 것이 아니라 분묘유지에만 주력하고 있는 경향이다. 이로 볼 때 임업경영상으로도 커다란 손실을 가져오고 있을 뿐만 아니라 국토 경관면으로도 장해의 요인이 되고 있다.

묘지는 고려 및 조선시대에는 산림 황폐를 막는 간접적인 역할이 되어 왔다고는 하지만, 현재로는 분묘의 급속한 증가로 인하여 막대한 산림피해를 가져오고 있다. 또한 국토 이용상 직접 간접적으로 미치는 영향도 개인은 물론 국가적 차원에 있어서도 크나큰 경제적 손실이 아닐 수 없다.

1960년 이후 국가에서는 묘지정리를 시도하였으나 실패로 끝나고 말았다. 묘지는 죽은 사람의 영원한 안식처요, 유택으로 생존자가 고인을 추모하고 영혼을 위로하는 마음이 머물고 있는 시설이기도 하다. 이와 같이 사자와 생자간의 미련과 애틋한 그리운 마음의 상흔이 머물고 있는 장소이다. 그러므로 현실적 이익만을 우선으로 내세우고 묘지정리만 주장

되어서도 안 된다.

이제는 과거의 지나친 풍수사상을 반성하고, 진실로 고인의 영혼을 추모하는 조상 숭배사상을 담은 공원묘지의 연구를 토대로 하고, 그 장소를 우리들의 생활에 직접, 간접으로 활용하는 환경으로 조성해 나가야하겠다. 이로써 토지의 경제적 생산성을 높이는 임지로 탈바꿈하는 국가적인 차원으로 이끌어 갈 때, 국민은 묘지에 대한 새로운 인식을 가지게 되고 그 변화도 빨리 가져 올 수 있을 것으로 본다. 묘지정리에 관한 문제 해결은 무엇보다도 국민의 의식변화가 중요하다고 생각된다.

산은 인간의 영원한 어머니다.

높은 산이 있어야 바람을 막고,
맑은 물을 얻는다.

살다보면 장풍득수藏風得水를 왜 모르랴.

김홍은

충북대학 농학과 졸업, 충북수필문학회장, 충북문인협 회장역임, 현 한국문인협회 이사, 한국수필가협회 이사, 전 충북대학교수(농학박사), 신곡문학상, 한국수필문학상, 충북수필문학상, 한국문인상 수상, 저서 : 수필집 『차가운 세월 속에 정다운 합창』 공저, 『저 바람 속에 불꽃이』 공저, 『꽃 이야기』 외

미운 며느리 귀한 사위

김혜영

꽃 이름이 예사롭지 않다. '며느리배꼽'이라니. 가시투성이 풀 한 포기를 앞에 두고 가만히 들여다보다 상상 속에 빠져든다.

홀어머니를 모시고 살던 떠꺼머리 노총각이 어찌어찌하여 장가를 들었을 것이다. 어려운 살림살이를 알뜰하게 가꿀

줄 알고 심성이 착한 며느리가 예쁘기만 한 시어머니는 당장 죽어도 여한이 없다고 생각한다. 지극한 시어머니 봉양에 효자 아들도 신바람이 난다. 그러나, 아들이 며느리를 귀하게 여길수록 시어머니는 점차 새 며느리에게 질투심이 발동한다. 며느리를 구박하려 해도 박꽃 같이 희고 고운 며느리는 어디 한 군데 흠 잡을 데가 없다. 며느리의 흠을 찾아 고심하던 시어머니는 어느날 우연히 며느리의 볼록 튀어나온 배꼽을 훔쳐보게 된다.

어느 날 며느리와 밭을 매던 시어머니는 하필이면 줄기와 이파리가 가시투성이인 풀 한 포기를 움켜쥐게 되었다. 어찌나 고약하던지 욕지기가 난 시어머니는 냅다 던져 버리려다 보니 마침 줄기에 붙은 동그란 잎 모양과 그 안의 열매가 며느리 배꼽을 닮았다고 생각하게 된다. 그때부터 그 고약한 풀은 '며느리배꼽' 이라 불리게 되었을 것이다. 얼핏 보기에 구별이 잘 안 되는 또 다른 고약한 풀이름은 '며느리밑씻개' 이다.

옛날부터 시어머니와 며느리 사이가 얼마나 좋지 않았으면 그 만질 수조차 없는 고약한 풀 이름에 며느리 자를 당당히 붙여 놓았을까 싶다. 어쩌면 그 이름은 구박받는 며느리에 대한 측은지심이 가득한 어원이 되었을 것이다. 어디 그뿐인가 없는 살림에 냉수 사발만 들이키던 며느리가 식구들 밥상을 들여보내고 부엌 바닥에 앉아 있다 보니 떨어진 밥풀 하나가 있어 입에 넣는다. 순간 못된 시어머니가 자신들은 시래기 죽을 주면서 며느리가 혼자 밥을 먹는 줄 알고 오해해서 며느리를 구박 끝에 죽게 했다니 '며느리밥풀' 은 미처 삼키지 못한 밥풀 하나를 혀에 올려놓은 모양으로 피어났단다.

가까이 하기엔 너무 먼 사이라는 시어머니와 며느리 사이는 아무리 세월이 흐르고 시대가 변해가도 변함이 없는가. 흔히 하는 3대 거짓말 중에 하나가 며느리를 딸같이 사랑한다는 말이라니 그냥 우스갯소리로 넘기기엔 뭔지 모르게 쓴 웃음이 나는 얘기다. 그런가 하면 사위에 대한 사랑은 얼마나 각별한가. 오죽하면 백년손님이라 했을까. 없는 살림에 큰 재산이나 마찬가지인 씨암탉을 잡아 대접하고 했던 것은 "당신 자식 이렇게 귀하게 대접해서 보내니 내 딸도 구박하지 말고 좀 잘 봐주쇼."하는 친정 부모의 안타까운 마음이었을 것이다.

산길을 오르는데 하얀 꽃이 무더기로 피어난 초록 덩굴이 펜스를 감고 오르고 있다. '사위질빵' 이다. 어느새 또 상상력이 발동한다. 귀한 사위가 처자식을 데리고 오랜만에 처가에 왔는데 마침 일꾼을 사서 한창 바쁘게 일하고 있다. 사위 체면에 가만히 방구들을 지고 있을 수 없어 어슬렁거리며 밭으로 나갔을 것이다. 장모가 보기에 일터로 나와 준 사위가 고맙기는 하지만 사위를 티나게 아끼는 것도 남 보기에 흉이 될 듯하다.

눈치를 살피던 장모가 무심결에 옆에 있는 넝쿨을 걷어 사위 등에 멜빵을 만들어 짐을 지어주었을 것이다. 하지만 이 넝쿨이 워낙 약하다 보니 무거운 짐을 지면 자꾸 끊어지는 것이다. 할 수 없이 사위 등에는 가벼운 짐만 짊어지게 하니 옆에서 보고 있던 일꾼들은 장모 하는 꼴에 눈꼴이 시었을 것이다. 그래서 그 넝쿨은 사위질빵이 되었다. 같은 넝쿨이라도 칡넝쿨이나 다른 넝쿨들이 농사일에 요긴하게 쓰여 졌던 것에 비해 하릴없이 예쁘게 꽃이나 피워대며 흥타령이다.

어느 시인이 세상에 잡초는 하나도 없다고 노래하지 않았던가. 모르고 지나치면 세상 모든 풀이 잡초로만 보이겠지만 이렇게 이름이 없는 잡초는 없다. 그런데 그 이름의 유래가 참 재미있고 하나하나의 의미를 생각해 보면 상상력은 끝이 없다.

최근에 알게 된 재미있는 야생초 이름으로 '도둑놈의 갈고리'가 있다. 처음 그 이름에 교육생들은 하나같이 미소를 지었다. 작은콩과 식물로 씨방은 일반 콩꼬투리처럼 생겼는데 그 모양이 오히려 안경을 닮았다. 도둑놈하고는 영 어울리지 않게 앙증맞은데 당치않은 이름이라 의아해한다. 하지만 그 꼬투리 부분을 루페라는 확대경을 통해 보니 영락없는 갈고리 모양이다.

'애기똥풀'은 어린 아기의 노란 똥같은 즙을 낸다하여 그렇게 불리지만 아기처럼 여리지도 않고 똥처럼 혐오감 없이 다정하고 아무데서나 잘 자라며 생명력도 강해서 내가 특히 좋아한다. 물가 근처에 고만고만하게 무리를 이루어 피어나는 '고마리'는 어렸을 때부터 지천으로 보아왔지만 미처 몰랐던 아름다움을 재발견한 꽃이라 반갑다.

생태 안내자가 되어 산과 들로, 하천으로 다니다보니 대수롭지 않게만 보이던 풀 한 포기 나무 한 그루도 반갑고 사랑스럽다. 그동안 잡초라고 무심히 밟고 지나칠 때는 몰랐는데 그 여린 것들이 나한테 말을 걸어오는 것 같고 나에게 미소를 보내는 것 같다. 내가 그의 이름을 불러주자 그가 내게로 다가와 하나의 의미가 된 것처럼 내게 소중한 것들이 된 것 같은 착각을 주기도 한다.

오늘도 아침 일과를 마치고 산길을 걷는다. 산수유와 팥배가 어느새 빨갛게 익어가고 있다. 익을수록 팥을 닮아가면서 단맛이 나는 팥배는 어렸을 때 많이 따먹던 열매다. 부지런한 새들이 팥배나무 위에서 익은 것들만 골라먹느라 나무 밑에서 한참동안 하는 짓을 올려다보고 있는 나를 못 본 척 한다.

산길 주변에는 유난히 덩굴식물이 많다. 멍석딸기, 곰딸기 등의 산딸기 종류, 국수나무, 며느리배꼽 등등. 하나같이 우리 땅의 토착식물들답게 친숙한 이름들을 갖고 있다. 자주 불러줘야겠다. 나에게 새로운 의미가 되도록.

그동안 잡초라고 무심히 밟고
지나칠 때는 몰랐는데 그 여린 것들이
나한테 말을 걸어오는 것 같고
나에게 미소를 보내는 것 같다.

내가 그의 이름을 불러주자 그가
내게로 다가와 하나의 의미가 된 것처럼
내게 소중한 것들이 된 것 같은 착각을
주기도 한다.

김혜영

E-mail : kimhy0227@hanmail.net

대관령 숲에서

김희선

대관령 굽이굽이, 이제는 굽이길이 아닌 직선으로 간다. 강원도 가는 길이 그만큼 빨라졌으니 가까운 곳이 되었다. 서울에서 살다보면 신선한 숲속 공기가 늘 그립다. 푸른 숲이 수려한 강원도에 갈 기회가 생기면 어떻게 하든 참여를 하는 편이다. 더구나 마음이 따스한 문우들과의 모임은 더욱 반가운 일이다. '수필의 날 행사' 가 강릉에서 치러졌다.

지방에 계신 문우들을 생각하면 늘 그립고, 인사드릴 일이 생겨도 찾아뵙지 못하여 안타까운 마음뿐이다. 반갑고 그리운 모습 만나는 즐거움도 있으니 행사마다 더욱 소중하다. 참으로 반가워 서로가 부둥켜안기기도 하고, 손을 잡고 흔들기도 한다. 눈시울이 촉촉이 젖어드는 회원의 모습이 아직도 눈앞에 선명하다. 부부라는 인연으로 서로를 믿고 의지하고 살아가는 인생, 한쪽을 잃어야 하는 외로움. 응당 찾아뵙고 위로를 드려야 하건만 시간은 자꾸 흘러간다. 나의 건강이 좋지 못해 낮에도 자꾸 잠을 자는 것도 문제 중 하나이다. 빨리 회복되어 건강하게 다니고 싶다.

세미나의 내용은 숲을 아끼는 마음으로 가득하다. 행사가 길어져 저녁을 들고나니 밤이 되었다. 하늘엔 보름달이 떠 있었다. 양력과 음력이 일치하여 오늘이 보름날이다. 경포대 모래사장에 가서 달구경 하자는 회원들도 있었지만, 일정에 맞추어 숙소인 대관령자연휴양림으로 가야한다. 가다보니 길을 잘못 들었다. 그 동네에 사는 젊은 여인이 다급하게 손 사레를 치면서 이 길이 아니라고 알려준다. 조용한 저녁시간에 육중한 관광버스가 줄줄이 들어섰으니 놀랐을 것이다. 참으로 고마운 여인이다.

하는 수 없이 좁은 시골길을 그대로 뒤로 나와야 하는 상황이다. 옥수수 밭 곁에서 관광버스들이 큰 몸통을 움직이느라 한동안 초긴장이다. 우리가 내리는 게 더 나은 것이 아닐까 했었지만, 조심조심 노련한 운전 솜씨로 무사히 빠져나오고, 좁은 다리 앞에서는 후진과 전진을 수차례 반복하고 나서야 큰길로 나왔다. 조용히 입 다물었던 회원들도 휴우 한숨을 돌리며 격려의 박수를 보내고 있었다.

숲속에 도착하니, 우리의 방 이름은 멧돼지 방이다. 들어서는 순간 아홉 명의 여인들이 와아 감탄을 한다. 베란다에 한 아름이 넘는 소나무를 베어내지 않은 채, 그대로 마루와 지붕을 뚫고 있었다. 우람한 소나무는 90년이 되었다는 이름표를 달고 있었다. 시냇물 흐르는 소리도 대단하다. 공기도 시원하고 나무 냄새도 은은하다. 작가회 회원들이 모이라고 해서 가보니 거의 40여 명이 모였다. 마산에서 오신 회원은 따로 승용차를 타고 왔기에 숙소를 시내에다 정했다고 해서 입구까지 배웅을 했다.

잠시의 만남이라 해도 이렇게 만나곤 한다. 회원의 남편께서 커다란 뻥튀기를 주기에 안고 오면서, 가로등이 밝은데도 나 혼자 걷자니 조금은 무섭다. 호랑이는 없지만 그래도 숲속이라 섬뜩한 것은 어쩔 수 없다. 가슴이 두근두근, 물소리 요란한 다리를 건너 돌아드니 숲속 정자에 여인들이 앉아 있어 '휴우' 안심이 된다.

방에 들어서니 잠이든 회원도 있다. 쉽게 잠이 들 것 같지 않아 산책하러 가자고 김 여사를 꼬드겼다. 길바닥은 비가 많이 온 덕분에 바닥이 너무도 깨끗하다. 우리 둘이는 땅바닥에 주저앉아 달구경 삼매경에 고개가 아프도록 쳐다보면서 감탄사를 연발한다. 맑게 갠 하늘에 빛나는 보름달이 바쁘게 길을 재촉한다. 한동안 구름에 가리더니 손에 닿을 듯 선명한 달빛이 우리를 반긴다. 소나무에서 단풍잎 사이로 동그란 얼굴을 보여주는 보름달. 일 년 열두 달 떠오르는 달빛이 이렇게 예쁜 것은 정말 처음이다. 나오길 잘했다고 감탄을 하고 있을 때, 최 선생도 혼자서 산책을 하다가 우리를 보더니 반갑게 웃는다.

다음 날 아침 베란다를 바라보니 안개가 자욱하고 나무들의 자태가 안개를 배경으로 신비하게 서 있다. 하얀 거품을 내며 바위 위를 흐르는 시냇물은 베란다 바로 앞에서 빠르게 흐른다. 아침 산책길 가는 시간이다. 죽죽 뻗은 소나무의 자태가 늠름하다. 한 그루의 나무가 천만 원이 된다고 한다. 가공을 하면 더 높은 가격이 된다니, 길이 없을 때는 헬기로 운반을 하기에 가격이 오를 수밖에 없을 것이다. 숲 해설을 들으며 따라가다가 힘이 들어 길가 벤취에서 쉬기로 했다. 다른 회원들도 거의가 쉬고 싶어 하고, 모여서 사진도 찍고, 젊은 분들은 계속 가기도 한다. 바위 사이로 흐르는 냇물의 소리도 시원하고, 나무향 신선한 공기가 숨통을 열어준다. 아침에 보니 나무의 종류도 다양하여 꽃 색깔도 예쁘게 다가온다.

400여 회원의 아침식사는 수필가협회 회원 한 사람이 부담하기로 했단다. 어제 저녁은 그 고장 유지께서 내어 주시고, 가격도 만만치 않을 터. 참으로 고마운 덕행에 감사를 드린다. 우리 옆 자리에선 우리가 도착하기도 전에, 우리 상에 있는 호박전이 담긴 접시를 가져간 바람에 우리는 맛도 못 보았다. 자기들 상에 있는 것만 드시든지 아니면 다시 달라고 해야지, 은근슬쩍 가져가는 일은 없기를 바란다. 건강이 좋지 않아 매운 것을 못 먹는 나는 참으로 서운했으며, 리필도 되지 않는 상황이다. 그래도 그 자리에 두고 나간 부채가 있어 임자를 찾아주다 보니 누구인지는 알게 되었으나, 이미 지나가는 일 내 복이려니 생각했다.

소나무의 자태가 유난히 멋스러운 선교장. 여러 번 갔던 오죽헌에서 인상 깊게 다가오는 글이 있으니, "지금 하는 일이 이익이 많다 해도 옳은 일인지 다시금 가려야 할 일이다."

요즈음도 이런 글귀를 마음에 담는다면 지금보다는 조금이라도 편한 세상이 될 것이다. 역시 율곡 이이 선생의 인품은 이곳 강원도의 아름다움이 있어 가능했을 것만 같다.

맑게 갠 하늘에 빛나는 보름달이
바쁘게 길을 재촉한다.

한동안 구름에 가리더니 손에 닿을 듯
선명한 달빛이 우리를 반긴다.

김희선

1987년 한국수필 천료, 국제펜한국본부, 한국문인협회, 남사문학회 회원, 한국수필작가회 총무, 회장 역임, 사임당문학회 회장 역임, 한국수필가협회 이사, 강남구 주부백일장, 신사임당 백일장, 충헌문학상 본상 수상, 저서 : 수필집 『모음이 피는 웃음꽃』

마을 숲과 사람들

류인혜

마을은 산에 기대었다. 나직한 집들이 산자락 양지바른 곳에 옹기종기 모여 마을 그림의 중심으로 있다. 동구 밖에는 수관도 당당한 정자나무가 우뚝 서 있고, 나직한 담 안에는 몇 그루 유실수가 열매를 맺는다. 산과 집과 텃밭, 하천과 들, 골목길이 연결되는 마을의 어디에나 나무들이 산다. 당산나무도 있고, 소나무 숲도 있고, 길가에는 줄나무를 심었고, 여러 나무가 많이 모인 마을 숲도 있다. 나무들은 마을을 주제로 한 그림에 낙관처럼 중요하다. 마을의 꼭 필요한 어느 곳에 나무들이 모여 살며, 마을 사람들과 깊은 유대를 가진다.

산촌과 어촌, 많은 농토를 경작하는 평야의 환경이 다르지 않는가. 그런 여러 곳에서 사는 방법도 또한 다르기 마련이다. 나무는 마을이 조성된 위치에 따라 각기 자연의 조건에 알맞은 내용으로 존재를 드러냈다. 해안에 가까운 마을에는 바닷바람을 막기 위한 방풍림으로 나타났으며, 넓은 들에서는 땅 위를 이리저리 흘러다니는 바람을 모아 보내기 위해서와 외부의 시선에서 동네를 보호하기 위한 수단으로 나무를 심었다.

방풍림의 수종은 지역에 따라 다르지만 대부분 성장이 빠르고 뿌리가 강해 바람에 잘 버티는 나무를 택했다. 방풍림을 아름답게 잘 가꾸어 온 곳으로 이름난 곳이 경남 남해 삼동면 물건리다. 이곳의 방풍림은 고기떼를 부르고 바람을 막는다는 뜻을 지닌 방조어유림防潮魚游林이라는 이름으로 불렸다. 물고기도 초록색을 좋아하는지 물에 비치는 나무그늘로 모여들었다.

땅끝마을 해남 서림공원의 나무들도 태풍이나 서풍으로부터 읍내를 보호하는 전형적인 방풍림이다. 또 다른 마을에서 해남읍으로 들어오는 경계에 남북으로 길게 위치해 대문의 역할과 외부 시선을 차단하는 역할을 해왔으며, 읍내를 아름답게 가꾸어 주는 풍치경관림으로 보존되고 있다.

오래 전 신문에서 소사나무 사진을 보고 충격으로 숨이 막혔다. 영흥도 십포리의 방풍림으로 심겨 바닷바람을 맨 몸으로 막으며 자란 나무들이었다. 나무는 하늘로 향해 높이 자라지 못하고 이리저리 구부러져 엉켜 있었다. 150년 동안이나 바다의 짠바람으로부터 마을을 지켜오던 나무의 줄기는 일꾼의 손에 돋아난 힘줄처럼 거칠었다. 자식들에게 모든 것은 내어주고 늙어버린 앙상한 뼈마디 같은 슬픔이었다. 십포리 마을 방풍림은 이제 전국에서 하나밖에 없는 소사나무 군락지가 되었다. 오랫동안 사람들과 더불어 살며 그들의 삶에 생기를 주었다.

자연을 섬기던 조상들은 모든 생활에서 풍수적 조건을 중요시 했다. 집을 지을 때 앉히는 방향, 묘를 쓸 자리, 사소한 집안의 물건을 둘 때도 그 자리를 신중하게 찾았다. 마을 숲도 그런 맥락으로 식수하여 귀한 존재가 되었을 것이다.

줄나무로 유명한 함평 대동면에는 함평면의 수산봉이 불

기운을 품고 있어 그 재앙을 막기 위하여 나무를 심었다는 전설이 전해지고 있다.

성산 이씨 집성촌인 경남 고성군 마암면 두호리 마을 숲도 마을의 북쪽이 허하다하여 숲을 만들어 보충하였다. 숲에는 팽나무, 서어나무, 느티나무, 소나무를 심어 바람으로부터 마을을 보호했으며, 그 안에 정자를 세워 후학을 양성하는 등 숲을 가꾸어 여러 이익을 얻었다.

광양의 유당공원 숲은 조선시대 명종 2년(1547년) 당시 광양현의 현감이었던 박세후朴世煦가 광양읍성을 쌓고 바다에서 읍성이 보이지 않도록 수림대로 조성했다고 한다. 한편으로는 마을의 허한 부분을 보완하는 역할도 있었다. 광양 칠성리의 당산이 호랑이가 엎드려 있는 모양이고 읍내는 학이 나르는 모양인데, 남쪽이 허虛하여 호랑이와 학을 보호할 수 없다며 나무숲을 조성하고 못을 팠다. 못 주위에는 수양버들을 심고 주변에는 이팝나무와 팽나무를 심었기에 그곳의 이름을 유당공원이라 했다.

관의 주도하에 계획에 따라 나무를 심은 또 다른 예는 담양의 관방제림官防堤林이다. 하천의 범람을 막기 위해서 제방을 쌓고 나무를 심었다. 그곳으로 가서 300년 이상의 나이를 먹은 나무들 사이를 천천히 걸으면 신령한 기운이 몸으로 스며

들어 경건해지는 느낌을 받게 된다. 수령 500년~600년의 느티나무가 모여 있다는 충북 괴산의 전법마을 숲으로 가면 또 어떤 기운이 사람을 엄숙하게 할 것인가.

사람들과 직접 어울린 마을 숲은 오래 보호되어 왔지만 산림의 경우에는 그렇지 못했다. 민둥산이 되다시피 한 우리의 산에 나무를 심는 일이 국책 사업으로 되어 1960년 이후에야 본격적인 조림사업이 시작되었다. 대통령의 주도하여 전국적으로 나무심기가 계속되었다. 그 치산녹화계획에 따라 근래 30여 년 동안 1백억 그루가 넘는 나무를 심어 국토의 65% 이상을 산림으로 채울 수 있었다. 눈으로 보이는 실적을 중요시해서 빨리 자라나는 아카시, 척박한 땅에 적응을 잘하는 리기다소나무, 일본이깔나무낙엽송 등을 심었다. 그렇게 조림사업의 초기에 심은 나무들의 경제성이 떨어진다고 산림청은 수종 개선사업을 진행하는데, 리기다소나무 숲은 백합나무나 리기테다 나무로 수종이 개량되고 있다 한다.

계획된 조림 사업의 결과로 이루어진 산림의 풍성한 자원을 활용하여 전국에 많은 휴양림을 조성할 수 있게 되었다. 제11회 수필의 날 행사의 숙소로 사용된 대관령자연휴양림은 우리나라 최초(1988년)로 조성된 자연휴양림이다. 휴양림 내의 소나무 중 일부는 1922년~1928년에 인공으로 씨를 뿌려 키워냈다고 한다.

말로만 듣던 휴양림에서 하룻밤을 편히 쉬고 난 후 잘 자랐다는 소나무를 보기위해서 일찍 일어났다. 숲길 주위에는 새벽안개가 신비로운 기운을 담은 채 흘러 다녔다. 나무들이 어울려 풍기는 숲의 향기로 심신이 상쾌했다. 숲속의 집으로 향하여 가는 도중에 만난 소나무들은 원기둥이 높이 자라 고개를 한껏 뒤로 해야 그 끝이 보였다. 곧게 자라나기에 좋은 목재로 쓰인다는 금강송이다. 장년의 건강함을 지닌 나무에 몸을 기대고 싶어진다.

휴양림을 찾는 이들은 숲길과 나무와 물과 야생화가 어울린 본연의 아름다움 속에서 아득한 원시의 낭만을 느낄 수 있을 것이다.

나무를 심는 마음은 나무를 닮아가는 마음이다. 숲과 어울려 사는 사람은 나무처럼 묵묵히 자연에 순응하며 낡아간다. 도시에도 더 많은 녹지가 조성되어 사람들에게 숲의 넉넉함을 나누어 주며, 미래의 마을 숲으로 시멘트 건물과 조화를 이루기를 소원한다.

나무는 하늘로 향해 높이 자라지 못하고
이리저리 구부러져 엉켜 있었다.

자식들에게 모든 것은 내어주고
늙어버린 앙상한 뼈마디 같은 슬픔이었다.

류인혜

한국수필작가회 회장 역임. 국제펜클럽한국본부, 한국문인협회, 죽순문학회 회원, 한국수필가협회 이사, 한국여성문학인회 사무국장, 제 18회 한국수필문학상, 제23회 펜문학상 수상, 저서: 수필집 『풀처럼 이슬처럼』,『움직이는 미술관』,『순환』,『나무이야기』,『아름다운 책』, 시집 『은총』

아카시아

문경자

아카시아 꽃은 5~6월에 피어나는데 푸른 잎이 무성할 때 꽃이 피어난다. 하얀 꽃과 잘 어울려 얼른 보면 파란색 커튼으로 얼굴을 가린 듯 수줍어 보이기도 한다. 아카시아 꽃이 필 때 이웃집 순이는 어린 나이에 밥 순갈 하나 덜어 달라는 어머니의 소원을 들어주기 위해 시집을 갔다. 나이가 많은 신랑은 울며 따라가는 색시가 그저 예쁘기만 한 듯 싱글벙글 했다.

온 동네 아카시아 꽃 향기가 강하게 퍼지면 처녀 총각들은 밤에 여기저기 모여서 연애를 하였다. 밤에 식구들 몰래 마실을 가는 척하며 달빛이 비치는 아카시아 나무 아래서 만나기도 하였다. 그들은 안전한 곳이라 여기며 소곤거리지만 밤 말은 쥐가 듣고 낮말은 새가 듣는다는 말처럼 지나가다 누군가 들을 수 있다. 이튿날이 되자 아카시아 꽃 향기를 풍겼는지 온 동네에 소문이 쫙 퍼졌다. 남자들은 그냥 수군거림에 지나쳐 버리지만 처녀들은 당분간 얼굴을 들고 문 밖 출입도 어려웠다.

아카시아 꽃송아리를 보면 무명 실타래에 꽃을 달아 놓은 것처럼 탐스럽다. 손을 뻗어 꽃을 따서 습관처럼 먹어보고 싶어진다. 향이 좋고 맛이 달기 때문에 생으로 먹을 수 있다. 배가 고플 때 허기를 채워주기도 하며 많이 먹으면 배탈이 나기도 하였다. 꽃을 말렸다가 병에 보관해두고 차를 만들어 먹기도 하며, 꽃을 깨끗하게 체취를 해서 술에 담가 먹기도 한다. 유행하던 아카시아 껌도 그 향수를 느끼며 많이 씹었다.

아카시아 전설에 나오는 여인은 어느 날 아름다운 시를 읊으며 지나가는 시인을 보고 사랑에 빠졌다. 그 시인은 외모보다는 마음의 아름다움, 언어의 아름다움을 숭상하였다. 구애를 해도 받아 주지 않자 마녀에게 찾아가 남자의 사랑을 뺏을 수 있는 향수를 얻고자, 자신의 아름다움을 마녀에게 주어 버렸다. 이렇게 해서 얻은 향수 한 병을 통째로 몸에 바르고 그녀는 그 시인에게 다가갔다. 하지만 그 시인은 공교롭게도 태어날 때부터 냄새를 맡지 못하는 병을 지니고 있었다. 결국 사랑을 얻지 못하고 시름시름 앓다가 죽고 말았는데, 그 자리에 아카시아 꽃이 피어났다. 아카시아 꽃 향기만은 오래오래 남아있게 되었다는 믿거나 말거나 하는 이야기가 전해 내려오고 있다.

꽃말은 우정, 비밀스런 사랑, 희귀한 연애란다. 못다 이룬 사랑을 비관하여 삶을 포기한 불쌍한 총각의 이야기가 생각났다. 시골 총각의 죽음이다. 때는 아카시아 꽃이 한창 피었고 시냇물은 졸졸 소리를 내며 흘러갔다. 그곳에서 빨래를 하다 보면 남녀간 데이트를 즐기는 모습도 목격할 수 있었다. 나는 돌 위에 올려놓은 빨래를 힘껏 때리며 나도 이담에 크면 꽃무늬 양산을 들고 똑같이 해봐야지 라고 생각하며 슬쩍 훔쳐보았다. 그때가 사춘기였나 보다. 그 날도 빨래를 하고 있는데 한낮이라 햇볕이 내려 쪼였다. 동네를 이어 주는 다리 위에 사람들이 웅성거리는 것을 보고 나도 그 속에 서 있었다. 어른들은 아카시아 꽃이 하얗게 핀 나무 아래 무엇인가 있다며 손가락으로 가리켰다.

나도 가리키는 그곳을 바라보니 사람이 누워 있는 것이 어렴풋이 보였다. 햇살에 눈부신 하얀 꽃들은 바람이 불 때마다 향기를 더 진하게 날렸다. 사람이 죽어 있어, 하며 궁금해 서로 물어 보곤 하였다. 옆에서 듣고 있던 사람이 혼자 중얼거렸다. 꾀죄죄한 얼굴이며 말하는 입 모양이 어눌하여 보아하니 지난 밤에 한잔 걸치고 아직 잠도 채 깨어나지 못하고, 아침 밥 한 술도 못 먹은 그야말로 거지같은 모습이었다. 그러니 누가 그 말을 듣고 믿겠나.

"늙은 총각인데 여자 집에서 결혼을 반대해 약을 먹고 자살을 했다."는 말을 떠듬거리며 하였다. 총각이 불쌍하다며 저렇게 죽어서는 안 된다고 하였다. 입에서 입으로 전해져서 누군지는 모르겠지만 그깟 여자 때문에 귀한 목숨을 끊다니 바보라고 하였다. 누군가 가마니를 덮어 주었다. 한쪽 팔이 밖으로 나와 있어 더 무서웠다. 그 위에 아카시아 꽃이 떨어져 내려 그의 혼이 꽃잎 되어 떠나는 것처럼 보였다. 경찰모를 쓴 분들이 와서 잘 정리를 하고 들것에 실려 응급차로 가

버렸다. 모두 혀를 차며 부모 생각은 조금도 하지 않는 불효자라며 각자 헤어져 갈 길을 갔다.

아카시아는 콩과 식물로 우리나라에는 북미대륙이 원산지인 아까시 나무가 1897년 중국을 통해 건너왔으며 인천 월미도에 처음 심어졌다. 6.25이후 황폐화된 산림 복구차원에서 미국선교사 루소의 적극적인 권장에 의해 60년 전후로 우리나라 전역에 집중적으로 심기 시작했다. 아카시아는 강한 번식력으로 여름철 홍수를 막아주는 홍수조절 기능과 함께 산성비와 대기중인 공해를 중화하고 맑은 공기를 제조해 주며 척박한 토질의 산사태 방지용 환경수로 가치가 뛰어났다.

산소에 가면 아카시아나무가 많이 자라 애를 먹은 적도 있다. 묘소로 파고 들어간 아카시아 뿌리는 다른 나무와는 달리 유골 속으로 다시 파고들어가서 망자의 유골을 해치기도 한다. 아카시아 생명력은 대단하다. 어지간해서 잘 죽지 않는다. 제초제를 아카시아나무를 자른 부위에 발라주거나 뿌리를 흔적도 없이 캐서 버려야 한다. 아카시아에 대한 노래 시도 많이 있지만 이제 우리의 마음속에 자리하고 있는 추억 속의 꽃으로 더 아름답게 피어 있는 것이다.

이제 우리의 마음속에 자리하고 있는
추억 속의 꽃으로 더 아름답게 피어
있는 것이다.

문경자

경남 합천 출생, 2009년 「한국산문(에세이플러스)」 등단, 한국문인협회, 재경합천문인협회 회원, 한국산문작가협회 이사, 「합천신문」 논설위원, E-mail : moon3727@naver.com

그리운 이름, 강릉

박순희

나는 강릉과 아무 연고가 없다. 그러나 첫사랑처럼 언제나 그리운 고장이다. 희미한 옛사랑의 그림자처럼 내 마음에 오래도록 연모하고 살았다고 해도 지나친 표현이 아니다. 꼭 한번 가고 싶은 곳. 지덕知德을 겸비한 신사임당을 만나고 싶었기 때문이다. 강원도 관광으로 그곳을 몇 번 지나오긴 했으나 오죽헌과 경포대 그리고 전통양반 가옥 선교장 등 강릉시내 골목을 누빌 수 있는 기회가 좀처럼 오지 않았다.

강릉에서 개최하는 '제11회 수필의 날' 행사 덕에 강릉의 경승지를 돌아볼 기회를 얻었다. 먼저 행사를 시작하기 전에 사찰의 일주문을 연상시킨 신사임당과 율곡 이이의 생가 오죽헌으로 들어갔다. 오죽헌은 현모양처의 표상 신사임당과 율곡 이이 같은 위대한 학자를 배출한 '성지' 라고 소개되었는데 '성지' 라는 수식어에 전적으로 동의한다. 모자가 한집에서 출생한 것도 특별한 경우이거니와 오만 원 권과 오천 원 권에 모자가 각각 인쇄되어 있으니 동서고금에 유례가 없는 일이다. 마땅히 가문의 영광이요 강릉의 보배려니 싶다. 율곡이 태어난 오죽헌 몽룡실 옆에 600여년의 우로를 견딘 건강한 율곡매栗谷梅(천연기념물484호)가 그 영화를 입증해 주는 듯했다.

행사 이튿날 아침 조선 중기 여류시인 허난설헌과 허균 기념관을 방문하였다. 최초의 한글소설 홍길동의 작가 허균과. 천재적인 여류시인 난설헌 남매의 비운의 생애가 천재요절 가인박명의 인생무상을 느끼게 했다. 헛헛한 마음으로 시비詩碑가 있는 난설헌의 좌상을 쓰다듬어 보았다.

'사모정思母亭' 이 있는 핸다리 문학공원에서 마주친 사친문학의 시비詩碑들도 잔잔한 감동을 주는 볼거리였다. 시비공원을 조성한 효사상이 예향 강릉의 랜드마크로 기억될 것이다.

양반가옥의 진수를 보여주는 선교장은 오래전부터 가보고 싶은 곳이었다. 뒷동산엔 500년 늙은 소나무들이 병풍처럼 둘러 있어 멀찍이서 바라본 선교장의 규모가 대궐 같아 보였다. 드라마 촬영지로 적격이라 현재 방송되고 있는 사극들도 이곳에서 촬영하고 있다고 했다. 신선이 머무는 집이라는 편액이 걸려 있는 일자형의 행랑채 가운데대문 앞에서 '이리오너라' 하고 외치면 하인들이 쪼루루 뛰어 나올 것 같았다. 문화해설사를 따라 다니느라고 격조 있는 양반행세는 해볼 수 없었던 게 아쉬움이었지만 호기심과 설렘으로 여러 곳을 돌아보았다.

선교장에는 6.25 전까지도 손님 대접용 독상이 500여 세트가 보존되어 있었다고 하는데 행랑채의 규모나 동 별당 서 별당 등 여러 부속건물의 규모로 볼 때 과연 몇백 명의 식객들이 유숙했던 사대부가옥의 인심과 재력을 미루어 짐작할 수 있었다. 우리의 숙소도 이곳 선교장으로 정해졌다. 우리일행들에게 잠 잘 곳으로 선교장이 배정되었다는 말을 들을 때부터 가슴이 설레기 시작했다. 그 유명한 조선시대 전통양반 가옥에서 하룻밤을 잔다는 것은 상상도 못할 행운이었다.

수필의 날 행사는 강릉시청에서 있었다. 제11회 수필의 날 운영위원회가 다채로운 프로그램을 마련하고 푸짐한 뷔페로 저녁식사를 준비해 주어서 즐거웠다. 전주와 강릉은 닮은 점이 많다. '예향의 고장' 이라는 이미지가 그렇고 전주의 풍남제와 쌍벽을 이루는 전통축제가 강릉 단오제다. 세시풍속의 문화유산으로 단오제 하면 강릉의 단오제를 으뜸으로 칠 만큼 강릉의 단오제는 전국적으로 유명하다. 남원춘향제에 모여들었던 전국의 상인들이 그 행사가 끝나면 강릉 단오제를 찾아간다. 남원사람들이 춘향제 행사 때 벌어서 일 년을 먹고 산다는 성시盛市가 강릉으로 이동한 것이니 강릉 단오제 때의 성황이 짐작되지 않은가. 전통민속의 전승과 지역민의 화합의 장 그리고 강릉발전의 기틀을 다지는 축제가 바로 강릉 단오제다.

강릉을 대표하는 경승지는 뭐니뭐니해도 관동팔경의 하나인 경포대일 것이다. 대臺는 높고 평평하여 전망이 좋은 곳을 일컫는다. '강릉경포대 달구경 가자' 는 민요의 가사가 말하듯이 달밤의 경치가 압권이다. 경포대해수욕장 말고도 유명한 광광지가 많은데 가보지 못한 아쉬움은 나중에 또 찾아오도록 미련을 남기려는 뜻이리라. 저녁식사를 마치고 숙소로 가면서 경포호수에 뜬 달을 보게 하려고 관광버스는 경포

호수 옆에 우리 일행을 풀어놓았다. 경포대에 앉아서 풍류를 즐겼던 선비들처럼 하늘에 달, 경포 호에 빠진 달, 술잔에 빠진 달, 임의 눈에 비친달, 내 마음속에 숨은 달 등 다섯 개의 달을 음미하지 못한 것이 못내 아쉽다. 시간은 밤 아홉시가 되니 숙소인 선교장으로 가야했다.

선교장의 운치 있는 한옥 스테이는 정말 뜻밖이었고 큰 행운이었다. 선교장을 구경하고 싶은 마음이 강릉을 그리워하는 이유 중의 하나였는데 그 선교장에서 그 옛날 식객들처럼 잠을 자게 될 줄 어떻게 알았으랴. 달밤에 활래정의 홍련까지 꿈을 잘 꾸었던가? 이런 호사를 누리게 해준 주최 측이 한없이 고마웠다.

선교장의 풍류를 말해주는 곳은 화려한 홍련紅蓮을 감상할 수 있는 아름다운 정자 활래정活來亭이다. 고풍스런 활래정 누마루에 앉아서 주렴계의 '애련설'을 음미해보며 연향에 취해 시간을 잊고 싶었다. 달빛 어린 홍련 아래 바람이 스치면 커다란 연잎이 너울너울 부채질을 해주리라. 몇백 년 세월을 거슬러 교교한 달빛 아래 연지에 걸려있는 다리를 건너며 사랑을 속삭이는 한 쌍의 선남선녀를 그려보았다. 주인공 아씨가 되어 황홀한 사랑을 나눈다면 지나친 비약일까.

한옥사용설명서(?)를 숙지하지 못하고 화장실과 목욕탕

이 없다고 우왕좌왕했던 일이 되새겨진다. 몇십 년 타임머신을 타고 아날로그 목욕법으로 잊지 못할 추억이 될 거라며 수선을 피운 뒤 정갈하게 마련된 전통한옥에서 양반댁 마님처럼 잠자리에 들었다. '임이 그리워 운다.'는 밤 뻐꾸기 소리가 들렸다. 밤이 이슥한데 달빛은 휘영청 넓은 마당을 가로질러 창호지 문턱을 넘어 들어와서 만리장성을 쌓자하니 어찌 쉬이 잠이 들겠는가. 첫 사랑의 연인처럼 그립던 강릉 선교장의 초가草家에서 전전불매輾轉不寐 만감이 교차했다.

경포대에 앉아서 풍류를 즐겼던
선비들처럼 하늘에 달,

경포 호에 빠진 달,

술잔에 빠진 달,

임의 눈에 비친달,

박순희

2004년 「한국문인」 등단, 현 행촌수필문학회 편집위원장, 저서 : 수필집 『꽃으로 말한다』
E-mail : psh1604@hanmail.net

일어서는 숲

박양호

숲속 길을 걷고 있었다. 잠에서 깨어나는 나무의 숨결처럼 느껴지는 바람이 먼저 달려와 나를 반긴다. 나무들의 허리를 포근히 감싸 안고 있는 안개. 그 안개에 젖은 나무와 풀들이 서서히 제 모습을 드러내며 침묵 속에 나와 만난다. 나는 자연이 준 선물 그 파노라마 앞에서 우뚝 멈춰 선다.

길게 숨을 모은다. 마음을 비우고 가슴을 연다. 키 큰 소나무 위로 아침 햇살이 안개 속에서 투영된다. 긴 세월동안 이 숲을 지키며 살아온 나무와 풀들이 이렇게 대관령휴양림의 새벽을 열고 있었다.

앞서가는 사람들의 모습이 그림처럼 한가롭다. 수필의 날 행사로 강릉에 모였다 일정대로 신사임당의 삶과 예술 혼이 담긴 오죽헌, 고향과 어머니를 그리며 세운 사모정, 전통가옥이며 전통문화체험관인 '선교장' 을 돌아본 후 우리들은 대관령 숲속 통나무집에서 맑은 공기를 마시며 잠자리에 들었다.

우렁찬 계곡의 물소리가 나를 깨운다. 창밖에서 노송들이 신비의 숲으로 나오라 손짓을 한다. 안개 속에서 새날을 시작하는 나무들의 기침을 보며 나도 숲길을 걷는다. 나무들은 자신의 긴 허리를 휘감아 오르는 담쟁이를 싫은 기색 하나 없이 품어 안고 서있다. 이들은 서로를 지켜주면서 작은 생명들까지 함께 울창한 숲을 이루며 더불어 살아가고 있다. 자연의 순리대로 공존하며 대관령의 숲을 길이 보존해 주리라 믿는다.

강릉 대관령자연휴양림은 해발 1천 미터가 넘는 고지대다. 3대 미림으로 손꼽히는 송림지대인 만큼 수령 200~300년 이상의 소나무와 참나무가 주종을 이룬 채 자연을 훼손하지 않게 살려 울창한 숲에 맞게 산책길을 만들었고 기암괴석과 폭포가 장관을 이룬 우리나라 최초의 자연휴양림이다. 이 거대한 숲을 지키는 노송들의 군락사이로 우람한 바위에 폭포처럼 내리는 계곡 물소리가 숲을 채운다.

나는 발길을 돌려 노송 앞에서 내 삶을 돌아본다. 두 팔을 벌려 나무의 허리를 안아본다. 가슴 깊이 스미는 솔향, 촉촉한 나무 등걸의 촉감이 새롭다. 나 혼자 조용히 속삭여본다. 신록의 칠월에 강릉 대관령 숲이 내 가슴에 꿈을 심어준 숲길을 걷다보니 움츠렸던 몸과 마음이 펴지는 이유는 뭘까.

계곡을 흐르던 물소리가 아직도 나를 부르는 것 같다. 생명의 빛으로 다가왔던 강릉, 살아 숨 쉬는 새벽안개, 신비의 숲 대관령휴양림은 내 가슴속에도 청량한 소나무가 되어 뿌리내린다.

가슴 깊이 스미는 솔향,
촉촉한 나무 등걸의 촉감이 새롭다.
나 혼자 조용히 속삭여본다.

박양호

2005년 「한국수필」 신인상 당선으로 등단, 한국수필가협회, 구로문인협회, 한국수필작가회, 솔샘문학회 회원, 저서 : 공저 『내 이름은 시냇물』 외, E-mail : nika012@hanmail.net

숲의 향기

박영자

대관령자연휴양림에 들어선 것은 밤 8시가 훨씬 넘은 시각이었다. 수필의 날 행사에 참석하기위해 아침 일찍 청주를 떠나 4시간여를 달려왔고, 강릉시청 행사장에서 빡빡한 일정을 마치고나니 피곤이 몰려오는데 강릉은 어느새 짙은 어둠에 잠겨 있다.

무엇보다도 대관령을 만난다는 것에 큰 기대를 걸었는데 아무것도 보이지 않는다고 투덜대며 숙소인 휴양림으로 가는 버스에 올랐다. 어둠 속을 헤집고 한참 달리던 버스는 우리를 휴양관 앞 주차장에 쏟아 놓았다. 한 발짝 내딛는 순간 숲에서 확 밀려오는 소나무 향기에 정신이 번쩍 든다. 눈은 스르르 감기고 콧속으로 흘러 들어오는 솔향기를 가슴속 깊이 양껏 들이마셨다. 어느 향기보다도 익숙하고 반가운 이 향기, 오랫동안 친숙했던 냄새다. 이래서 '솔향 강릉' 을 외치는가 싶다.

정체를 알 수 없는 물소리가 꽐꽐콸 넘쳐흐른다. 이렇게 큰 물소리는 미처 들어 보지 못했다. 마치 거대한 폭포 앞에 선 듯 옆 사람의 말소리조차 삼켜 버린다. 장님인 듯 소리만 들릴 뿐 어디서 어디로 흐르는 물인지 분간할 수 없다. 나른하던 몸속의 세포들이 일시에 잠을 깨어 "야호!" 소리치며 일어선다. 주최 측의 안내에 따라 하룻밤 묵어갈 숙소인 '숲속의 집' 을 찾아 나섰다. 초행이니 어둠속에 허옇게 드러난 오솔길을 따라간다. 나이를 불문하고 마치 수학여행 온 초등학생들처럼 시끌벅적 야단이다.

"오소리는 어디야?" "다람쥐는 어디야?" 장난감처럼 조그맣게 보이는 '숲속의 집' 들은 통나무로 지은 집들이라 반갑다. 고라니, 꽃사슴, 너구리, 수달, 산양, 멧돼지 등 동물 이름들의 문패가 정겹다. 어둠속에서 이정표를 확인하고 같은 방을 쓸 사람을 불러대는 등 우왕좌왕 하는 모습이 어린애로 돌아간 듯하다.

청주에서 동행한 세 사람은 '고라니' 집이다. '멧돼지는 어디에요?' 라며 누군가 멧돼지가 좀 투박해 보였던지 '멋돼지' 로 개명하여 부르는 재치가 즐겁다. 고라니는 제 습성대로 숲속에 살짝 숨어 있어서 지나치고 비탈길을 한참 올라갔다가 다시 되짚어 내려오는 수고까지 하며 겨우 찾아들었다. 방 1개와 거실 1개 화장실이 전부인데 배정받은 사람은 아홉 명이다.

작지만 방을 차지하고 누웠다. 열어 놓은 창으로 은은한 숲의 향기와 물소리가 방안 가득 밀려들어온다. 세상의 잡스러운 속기를 다 씻어내고 가고 싶은 밤이다. 주먹만한 별들이 총총 떠있을 것 같은 하늘을 올려다보지만 기대와는 달리 검은 장막을 드리운 채 후드득 빗방울 몇 개를 흩뿌린다. 지겹게 퍼붓던 장맛비가 오늘만은 그럭저럭 비켜갔으니 얼마나 다행인가.

급물살을 타는 듯싶은 물소리가 바로 머리맡에서 폭포처럼 소리친다. 둥근 바위를 씻으며 계곡을 흐르는 물은 상상만으로도 상쾌하다. 밤이 이슥한데도 정신은 점점 맑아진다. 숲의 품에 안겨 물소리를 자장가 삼아 잠을 청해보지만 쉽게 잠이 들 리 없다.

창문을 넘어 들어온 새벽바람이 잠을 깨운다. 부지런히 아침 산책을 나선다. 오리무중이던 대관령의 모습이 연한 안개 속에서 서서히 드러난다. 어깨에 무명수건 한 장 걸친 건장한 산의 초록이 싱그럽다. 마치 동화속의 통나무집에서 빠져 나온 난장이들처럼 밤 새 소년 소녀로 젊어진 듯 아침인사도 경쾌하다. 삼삼오오 짝을 지어 등산 코스를 오른다. 갖가지 나무들이 금방 세수한 얼굴로 이슬방울을 단 채 우리를 반기고, 재잘대는 새소리에 귀를 씻는다.

솔고개를 오르니 그 귀하다는 금강송들이 하늘을 찌를 듯 울창한 소나무 숲이다. 나무 사이로 하늘이 파란데 엷은 햇살이 우듬지 끝에서부터 베일처럼 드리웠다. 숭례문 복원에 쓰였다는 그 귀하신 춘양목들이다. 미끈하고 늘씬하여 믿음직한 자태에 압도당하여 넋을 잃는다. 수령 50년에서 200년이 넘는 나무들이라니 그 숨결조차 귀하다.

물소리 새소리가 어우러진 숲은 피톤치드니 음이온을 들먹이지 않아도 치유의 효과를 기대할만하다. 산업화 이전에는 45억 헥타르가 숲이었는데 150년의 산업화시기를 거치면서 숲의 약 4분의 1이 사라졌다고 하는데 대관령 숲은 태고의 숨결을 그대로 간직하고 있다. 기후변화는 물론, 환경재해와 함께 사람의 심성 변화도 숲과 연관이 있단다. 우리의 미래가 숲에 있다고 해도 과언이 아니니 그 중요성을 다시 깨닫는다. 계곡에서 들려오는 맑은 물소리와 새소리, 그리고 솔향기가 어우러져 더욱 푸르른 이아침, 이대로 이 숲속에 마냥 머물고만 싶다.

정체를 알 수 없는 물소리가 꽐꽐콸
넘쳐흐른다.

나른하던 몸속의 세포들이 일시에
잠을 깨어 "야호!" 소리치며 일어선다.

박영자

충주 출생, 1990년 「한국수필」 등단, 한국문인협회, 국제펜클럽한국본부, 충북문협, 청주문협, 충북여성문협 회원, 한국수필가협회 이사, 한국수필작가회 이사, 충북수필문학회 회장 역임, 한국수필문학상, 충북수필문학상, 청주문학상, 제 1회 충북여성문학상 수상, 저서 : 수필집 『은단말의 봄』, 『햇살 고운 날』, E-mail : pyjjp@hanmail.net

숲 찾아 삼만 리

박원명화

창문을 통해 들어오는 화사한 햇살이 정겹다. 이렇듯 아름다운 날씨를 그냥 흘려보낸다는 건 계절에 대한 도리가 아니란 생각이 든다. 숲을 찾아 또 다시 어디론가 떠날 것을 생각하니 처음인 듯 가슴이 두근거린다.

경춘선 전철이 개통된 후, 처음 가는 춘천행. 옛날에 두어 번 가본 길인데도 차창 밖 풍경이 낯설게 느껴진다. 정겹던 들판은 사라지고 세상을 다 지배할 것 같은 건물들이 우뚝우뚝 서있다.

대성리를 지나 강변을 끼고 숲이 우거진 들판을 달린다. 차창 너머 펼쳐진 파노라마가 가슴에 젖어든다. 본질을 잃을 만큼 색향色香이 요란한 것만 보다가 녹색이 우거진 산과 들을 보니 살아 있는 자연의 생명수를 마신듯 가슴속이 후련하다. 신선한 자연을 공짜로 바라보는 즐거움을 오붓이 누린다. 그동안 숲을 찾아 수없이 다녔음에도 늘 산이 그립고 푸르름에 목마른 나는 전생에 나무였을까.

춘천역에 내려 곧바로 공지천 둑길로 들어섰다. 걷기 좋은 탄성포장 길이다. 양쪽으로 늘어선 나무들과 꽃들이 저마다의 향기를 발산하고 있다. 눈부신 계절의 향훈이 펼쳐진 길 위를 걷노라니 심안心眼이 열리고 정신의 허기가 채워진 듯 가슴이 뿌듯하다. 함께 어울려 걷는 사람만이 얻을 수 있는 해맑은 웃음들이 바람과 뒤섞여 활기차게 날아간다.

나무와 풀잎에 여름 한 자락이 포개져 있다. 햇볕, 바람, 숲길, 강물 등이 한데 어우러진 경관에 취해 걷는 사람들, 하나같이 행복해 보인다. 나무와 풀들이 제각기 햇살을 들이마시느라 바쁜 숨을 내쉬고 있다. 강물 아래 풀밭에는 노랑창포,

부들, 물쑥 등이 함께 서식하고 있다. 나무는 나무대로 풀은 풀대로 자연의 흐름과 질서를 서로가 잘 알고 있는 것 같다.

시원한 강바람을 맞으며 자연과 어우러진 즐거움을 만끽하며 혼자 신이나 사진을 찍는다. 둑길 옆으로 길게 둘러선 푸른 나무들, 그 아래로 여린 야생초꽃들이 싱싱하게 피어 있다. 풀밭 모두가 제 집 마당인양 철없이 뛰노는 벌레들의 모습이 기운차다.

강물을 더 가까이 보기 위해 물가로 내려간다. 강물은 일요일 아침 같은 분위기다. 어딘지 모르게 편안하고 느긋하다. 내 생각들이 그 속에 다 잠겨버린 듯 머릿속이 맑다. 강물에 발을 담그고 앉아 바람 같은 자유를 실컷 마신다. 물 갈퀴질을 그친 오리 배 서너 척이 강 건너편에서 건들거리며 떠 있다. 강을 거슬러 올려도 보고 또 흐름 따라 내려도 본다. 강물 위로 반짝이는 햇살이 환상적이다. 잠깐, 아주 잠깐 내 삶을 강물에 비춰본다.

강가를 벗어나 다시 둑길로 올라왔다. 산책로는 비교적 한적하다. 수변 테크로드를 따라 산딸나무가 숲을 이룬 길을 걷는다. 벌을 유혹하기 위해 잎새가 꽃이 된 산딸나무가 하얀 등불을 켠 듯 환하게 웃으며 사람들을 반긴다.

강둑을 한 바퀴 돌아 선착장으로 갔다. 배를 타고 중도

섬으로 건넜다. 지나는 사람들마다 꽃 같은 웃음이 얼굴에 가득하다. 아주 오래전, 이곳에 다녀갔던 필름이 되살아난다. 1박2일, 그때는 먹을 것을 산처럼 배낭에 둘러메고 왔었다. 텐트를 치고 야영을 하던 날밤, 하늘에 무수히 뜬 별들을 보며 '별 하나 나 하나'를 외던 사람들, 지금은 어디서 무얼 하고 있을까. 이제는 세월에 바라진 줄 알았는데 새삼 향수처럼 부풀어 그리움을 자아낸다.

'행복한 웃음이 모아진 곳이 저긴가 여긴가' 퍼즐조각을 맞추듯 추억을 반추하며 맞춰본다. 그러나 말끔하게 정돈된 중도섬, 반듯함에 묻혀 진정한 옥석의 아름다움을 구별하기가 쉽지 않다.

계절의 변화가 마냥 싱그럽다. 잎새들은 녹음으로 짙어가고 피어야 할 꽃들은 제법 물이 올라 탱탱하다. 가는 봄과 오는 여름의 생기발랄한 경계가 더 없이 아름답다. 심겨진 그대로 자연에 순종하고 있는 착한 나무와 풀들이 조화가 새삼 부럽다.

중도유원지는 이제 명소가 다 되었다. 푸른 잎새들을 쳐다보며 말랑말랑한 흙길을 밟는다. 군락을 이룬 푸른 잎들이 참기름을 발라 놓은 듯 은빛을 발한다. 피곤도 풀 겸 잠시 그늘이 드리운 널찍한 정자집에 눕는다. 숨을 쉴 때마다 달착지

근한 유산소가 콧속을 간질인다.

자연은 이렇듯 철따라 꽃도 피워주고 열매도 맺는다. 뭔가를 사람들에게 끊임없이 주고 있다. 반면 사람들은 자연에게 늘 뭔가를 빼앗으려 든다. 살아 있는 강, 살아 있는 산을 파헤치기 일쑤다. 지역발전을 한답시고 애꿎은 산과 강을 상대로 선심공약을 내걸고, 개발이라는 명목으로 자연을 허무는 걸 보면 아마도 사람들은 자연을 경제 수단으로 삼고 있는 듯하다. 그러면서도 휴일이면 너도나도 산과 숲을 찾아 가느라 자동차의 긴 행렬도 마다하지 않는 걸보면 참 이상하다.

해가 산허리에 걸터앉는 걸 보고서야 후닥닥 중도섬에서 춘천역으로 나왔다. 간이역처럼 소박하던 춘천역사가 전동차 출현으로 현대식 건물로 탈바꿈 된 게 편하면서도 뭔가 소중한 것을 잃어버린 듯 아쉬운 느낌이 든다.

자연을 흔들어 깨우기라도 하듯 전동차는 굉음을 내지르며 서울로 서울로 속도를 더한다. 달리는 전동차에 창밖을 더듬는다. 가까운 들판의 곡식들은 획획 형체도 없이 도망가고 먼 산의 푸른 풍경만 가슴에 담는다.

강물에 발을 담그고 앉아 바람 같은
자유를 실컷 마신다.

잠깐, 아주 잠깐 내 삶을 강물에 비춰본다.

박원명화

충북 청주 출생, 국제펜클럽한국본부, 한국문인협회, 시문회 회원, (사)한국수필가협회 운영이사, 한국수필작가회 사무국장, 저서 : 수필집 『남자의 색깔』, 『시간속의 향기』, E-mail : -원명화의 작은 문학마을- cafe.daum.net/munhyang, -작은 문학마을 http://blog.naver.com/junghi1203

하늘 다음 태백 – 바람의 언덕에 오르다

박하영

대학 동창 모임에서 여름방학 때마다 1박2일 여행을 떠난다. 올해는 태백시로 행선지를 정하고 고속버스를 전세 내어 16명의 친구들이 길을 떠났다. 좌석이 넉넉하여 두 좌석에 한 사람씩 편안히 앉아 4시간 가까이 차를 타고 숙소인 태백 오투 리조트에 도착하였다. 1200m 높은 고지에 우뚝 솟은 리조트가 위풍당당하게 자리 잡고 있다. 먼저 체크인 해놓고 우리는 가고자 했던 바람의 언덕으로 차를 몰았다. 마침 비가 오기 시작했지만 계획대로 진행하기로 했다.

우리나라에서 바람의 언덕이라고 이름 붙인 곳이 몇 군데 있지만 이곳에 있다는 것은 오늘 처음 알았다. 바람의 언덕 입구에서 버스는 출입 금지령을 내렸다. 비만 오지 않았어도 걸어갔을 텐데 할 수 없이 콜택시 4대를 불렀다. 오르는 3.7km의 비탈길은 온통 고냉지 배추가 심어져 장관이다. 45만평에 이르는 고냉지 배추밭은 이곳에 사는 화전민들이 돌로 된 비탈을 10년 동안 개척하여 오늘에 이르렀다고 한다. 주인은 24명에 불과하고 계약 재배를 하여 이 어마어마하게 많은 배추가 모두 서울이나 경기 지역으로 거의 올라간다고 한다.

택시를 타고 산비탈을 한참 올라가니 정상에는 키가 전봇대보다 더 큰 풍력 발전기 8대가 위상을 자랑하며 은빛 바람개비가 하늘 높이 돌아가고 있다. 날씨가가 맑았더라면 전망이 더 좋았겠지만 안개와 구름에 가린 풍경도 끝내주게 멋지고 이국적이다. 우린 차에서 내려 백두대간 매봉산이란 푯말을 지나 '하늘 다음 태백 바람의 언덕' 이라고 새겨진 비석을 보니 감개무량하였다. 이국적인 네델란드식 풍차가 있는 정상까지 우산을 쓰고 올라가 보았다. 하늘 봉우리라는 뜻의 천의봉에 거센 바람이 1년 내 불어 이곳에 8개의 풍력발전기를 세워 1대당 1년에 1000가구가 쓸 수 있는 전력을 생산해 내고 있다고 한다.

오르는 길은 양쪽으로 자생식물들이 우거져 있고 수풀 속에는 야생화들이 비에 함초롬히 젖어있다. 산비탈 쪽을 내려다보니 배추가 끝없이 펼쳐져있고 구름 속에 우리와 풍력발전기가 둥둥 떠 있는 느낌이었다. 이곳이 1200m의 고지여서 하늘과 맞닿아 있는 바람의 언덕으로 부르고 있음을 알 것 같았다. 비를 맞으면서도 사람들이 이곳을 찾는 이유가 바로 여기에 있다고 생각 되었다. 우리는 바람의 언덕을 내려와 비가 억수로 오는 데도 삼척으로 차를 몰았다.

삼척 용화에서 해양 레일 바이크를 타고 해변을 따라 달리는 코스가 예약되어 있었다. 마침 출발지에 도착하니 비는 거의 멎은 상태다. 2인용 좌석에 앉아 바퀴를 굴리며 6시쯤 출발하였다. 바닷가를 따라 자전거를 타듯 50분간을 신나게 달렸다. 비도 그치고 더위는 싹 물러가고 상쾌하게 불어오는 해풍을 맞아가며 소나무 숲에서 풍기는 솔향기를 들이마시니 웰빙이 따로 없다는 생각을 했다. 중간쯤 쉬었다 가는 간이역에서 내려 그곳의 아름다운 풍경에 흠뻑 빠졌다. 끝없이 펼쳐진 바다를 보니 마음이 날아갈 것처럼 상쾌하다. 잠시 후 다시 레일 바이크를 굴리며 이젠 터널 속을 달리기 시작한다. 터널마다 이름을 붙여놓고 터널 속을 아름답게 꾸며놓았다.

황영조가 태어난 고장이라 황영조기념터널에는 황영조를 소개하는 사진과 상을 타는 모습들을 전시 해놓고, 미래형 도시 터널에는 각종 네온싸인이 화려하게 반짝이며 멋진 쇼를 구경하는 것 같다. 긴 터널 속을 저렇게 꾸며놓으니 지루한 줄도 모르고 금방 마지막 역인 궁촌 역에 도착했다. 친구들도 너무 좋았다고 한마디씩 감탄사를 연발했다. 버스가 이곳으로 와 대기하고 있었다. 7시 반이 넘어 어두워진 밤길을 태백까지 달렸다. 태백한우식당에서 저녁을 먹고 숙소에 왔을 때는 11시가 다 되어서였다. 다음날 아침에는 오투 안에 있는 온천 수영장을 가던지 오투 산책코스를 갔다 오던지 자유롭게 하기로 했다.

다음날 5시 반쯤 눈을 떴다. 아무래도 깊은 잠을 못잔 탓인지 머리가 찌뿌듯하였지만 먼저 일어난 두 친구와 아침 산책길에 나섰다. 날씨는 활짝 개여 동해에서 해가 둥실 떠오르고 있다. 해발 1200고지여서 그런지 시원한 바람이 여간 기분 좋은 게 아니다. 산책하기 좋게 길을 잘 닦아 놓은 숲길을 한참 오르다보니 1700m 라고 써진 나무 푯말이 세워져 있다.

앞으로 걸어야할 길을 안내해 놓은 듯하다. 거기서부터 내리막길이 시작 되었다.나무받침대로 계단을 만들어 놓아 내려가기가 한결 수월하였다. 맨 아래까지 내려가니 어디선가 계곡 물소리가 요란하게 들려온다. 그곳에는 나무로 만든 의자들을 쉬어갈 수 있게 해놓았다. 친구들과 나는 간단한 체조를 하고 흐르는 계곡물에 손을 담그고 세수를 했다. 차거운 물이 온 심장을 적시는 듯 간담이 서늘하다. 이 물이 얼마나 깨끗한지는 모르지만 한 바가지 떠서 마셔도 될 것 같았다.

콸콸 흐르는 계곡 물을 따라 길이 이어져 있다. 한참 내려가다 내 모자를 아까 의자에 벗어놓고 그냥 왔다고 했더니 명신이란 친구가 자기가 가서 가져오겠다고 급히 올라갔다. 그냥 가자해도 날렵한 몸으로 가뿐하게 뛰어가는 그녀를 말릴 수는 없었다. 정형이란 친구는 여기 바위 위에 잠시 걸터앉아 명상을 하자고 했다. 손을 무릎 위에 편안히 놓고 바른 자세로 눈을 반만 지그시 감고 코로 숨을 들이켰다가 입으로 천천히 뱉어내라고 했다. 한동안 그 상태로 조용히 있노라니 물소리 새소리 바람소리까지 들리는 듯 적막이 온몸을 감싸고 차거운 공기가 피부까지 촉촉이 스며들어 왔다. 나무 냄새 풀 냄새가 상큼하게 스쳐온다.

머리로 얼굴로 가슴으로 스며드는 몰입의 상태가 잠시

지속되다가 친구가 오는 바람에 깨어났다. 온몸이 새로 태어난 듯 가벼워지고 생전 처음 느껴보는 평화로운 나 자신을 발견했다. 정형이와 명신이가 너무 고마웠다. 항상 언니처럼 우리 친구들을 챙겨주어서 늘 미더운 친구였다. 해가 높이 솟아 나무들이 초록빛으로 반짝반짝 빛나고 나무로 걸쳐 놓은 징검다리 위에 고추잠자리가 앉아서 물소리를 듣고 있는지 조용하고 풀벌레들이 나뭇잎 위로 뛰어가기도 했다. 아침 숲속은 모든 게 그 자리에 있어야 할 곳에 있는 듯 나무 한 그루, 풀 한포기도 소중하게 느껴졌다.

이곳 숲속에서 쏟아지는 피톤치드는 서울보다 170배가 더 많이 나온다고 하니 지금 이곳에 있는 우리는 자연의 어마어마한 혜택을 받고 있는 것이다. 잠시라도 이 숲속으로 와서 맑은 기운을 받아 가지고 가는 게 꼭 필요할 것 같다.머리도 맑아지고 산의 정기를 받으니 절로 힘이 솟는 것 같아 나는 야호하고 목청껏 소리를 질렀다. 그만 정형이가 내 입을 가로막았다.숲속에 있는 새나 짐승들이 깜짝 놀란다는 것이다. 그것들은 청각이 몹시 예민해서 발자국 소리에도 놀라 심장이 콩닥거리며 주위를 살핀다는 것이다. 나는 숲속에서 지켜야 할 것에 대해서 모르는 게 너무 많아서 민망스럽기 짝이 없었다. 그때야 목소리를 낮추며 미안하다고 했다. 역시 아는 것도 많고 듬직하기만 한 친구 덕분에 많은 걸 깨닫고 느끼게 되었다.

내리막길을 걷다가 다시 오르막길로 접어들었다. 표지판에는 아직 남은 거리가 700m였다. 나무들은 생명력이 강해 바위 위에도 뿌리를 내리고 꿋꿋이 자라고 있다. 맹감나무 산딸기나무 개암나무도 눈에 띄었다. 산책길에서 산소와 음이온을 가득 마시고 피톤치드를 넘치도록 받고오니 내 몸은 10년은 젊어진 듯 생기가 넘쳤다.

아침을 먹고 장산 콘도를 둘러보고 태백 시내에 있는 황지연못으로 갔다. 낙동강의 발원지라고 했다. 조그만 연못인데 물이 너무 맑아 깜짝 놀랐다. 수심이 4m 정도인데 하루에 5000톤의 물이 솟아올라 낙동강까지 흘러간다는 것이다. 물이 너무 투명하여 연못 바닥이 환히 드려다 보였다. 주변이 주택과 상가로 둘러싸여 있는 곳인데 이렇게 맑은 물이 엄청나게 솟아오르다니 참으로 신기하다. 주변을 깨끗이 가꾸고 구경 오는 사람들도 조심스럽게 둘러보고 가도록 관리를 잘하고 있었다. 이 연못이 생긴 지 오랜 세월이 흘렀어도 아직도 물이 펑펑 솟아 흘러내리고 있으니 이 지방의 큰 보물이요 자랑거리가 아닐 수 없다.

점심 후 우리는 마지막으로 한강의 발원지인 검룡소를

보러 가기로 했다. 창죽동 금대봉의 산기슭에 있는 검룡소까지 걸어가는 데 왕복 2.8km라고 한다. 차에서 내려 30분 정도 물이 흐르는 계곡을 따라 올라 갔다. 황지연못과 달리 산속에 발원지가 있다는 게 달랐다. 소나무와 전나무 어우러진 숲길을 지나다보니 개망초가 하얗게 무리 자오어 하늘거리고 물봉숭아와 애기똥풀 꽃이 여기저기 피어 우리를 반기는 것 같다. 사람들이 많이 와서 구경하고 있는 게 보이니 드디어 발원지까지 다 왔나보다. 나무계단을 따라 올라가니 조그만 바위 밑에서 맑은 물이 샘솟고 있었다. 저 밑에서 솟아나는 물을 일부러 바위로 막아놓았다.

물의 깊이를 가늠할 수 없을 정도로 깊어서 위험하기 때문이라고 한다. 하루에 2000t의 물이 흘러나와 정선, 영월, 충주, 양평, 김포 등 5개 시도를 지나는 514.4km의 긴 강을 이루고 있다고 한다. 이 물줄기는 폭포를 이루면서 계곡으로 흘러내리고 사계절 9℃의 수온을 유지하고 있으며 주변이 푸른 이끼로 뒤덮여 있는 신비로운 자연생태 보호구역으로 자생식물이 많이 분포되어 있다. 우리가 늘 접하는 한강의 발원지이기에 더욱 애착이 가는 특별한 곳이었다. 친구들은 그곳에서 흘러내리는 폭포를 배경으로 폭포를 배경으로 사진을 찍었다.

검룡소를 끝으로 우리의 일정은 끝이 났다. 이번 여행은 짧았지만 잘 가볼 수 없던 곳을 갈 수 있게 특별히 신경 써준 친구들에게 여러 가지로 고맙고 유익한 나들이였다고 말하고 싶다. 특히 장관을 이루던 '하늘 다음 태백 바람의 언덕'을 날씨가 산들산들한 가을쯤 다시 오르고 싶다.

나무 냄새 풀 냄새가 상큼하게 스쳐온다.
끝없이 펼쳐진 바다를 보니 마음이
날아갈 것처럼 상쾌하다.
온몸이 새로 태어난 듯

박하영

전남 함평 출생, 「창조문학」 시 부문 신인상 당선 등단, 한국문인협회회원, 현대수필, 분당수필 회원, 창시문학회 회장 역임, 문파문학 상임운영이사, 창시문학상 수상, 저서 : 시집 『직박구리 연주회』, 『바람의 말』

강릉, 내 그리움의 진원지

반숙자

물소리로 밤새 뒤척였다. 대관령자연휴양림 객창에 들리는 계곡 물소리가 나그네 심정을 어르기도 하고 휘젓기도 하여 뜬눈으로 한밤을 보내고 새벽녘에야 단잠이 들었다. 어찌 물소리를 탓하랴. 강릉이라는 말만 들어도 잠재우고 쓸어 덮었던 그리움의 올이 낱낱이 살아나는 내 천형의 한을.

올 수필의 날 행사가 강릉에서 열린다는 통첩을 받은 날부터 내 가슴에는 그리운 얼굴들이 영상으로 지나갔다. 꼭 만나야할 사람이 강릉 어딘가에 살고 있다는 소식을 들은 뒤부터 나는 일 년이면 두세 번 강릉을 간다. 만나지 못해도 그가 쉬는 공기를 함께 쉬고 그가 있는 같은 하늘아래 잠시나마 있고 싶어서다.

첫날은 어촌가 마을에 짐을 풀고 파도에 마음을 실어 차마 누구에게도 하지 못했던 말을 전하고 모래사장에 그리운 이름을 수없이 쓴다. 새벽에 나가보면 이름은 간 데 없고 보고 가노라 싸인이라도 한 듯 새의 발자국만 어지럽다. 물 맑고 고운 동해안, 밤새 오징어 배 불빛이 바다의 보석인양 반짝거리는 싱싱한 생명의 터전, 새벽 주문진항에 나가면 펄떡거리는 생선이 식욕을 자극하고 물비린내조차 힘센 사나이 체취처럼 느껴지는 곳, 선착장은 아무래도 육감적이다. 어떻게 한 도시가 산과 바다를 이리도 아름답게 품을 수 있으랴.

강릉에는 산이 좋다. 우리가 하룻밤 휴식을 누린 대관령 자연휴양림의 금강송은 법력 높은 스님 같고 고고한 자태도 아름답지만 오대산 전나무 숲도 빼놓을 수 없다. 그 숲에 들면 시원을 알 수 없는 원력에 이끌린다. 일테면 근원을 향한 물음이 도처에서 손을 내민다. 숲은 커지고 나는 작아진다. 작아지고 작아져서 나중에는 물음만 무성하고 나는 전나무 한그루로 선다.

월정사로 들어가는 오리 길은 그래서 나의 수련소다. 어떤 날은 등에 바랑을 진 사람을 만나고 맨손으로 걷는 스님도 만난다. 누굴 만나도 아는 체하지 말아야 한다. 불문율이다. 저마다 제 몫의 일탈을 누리고 있고 화두가 있기에 그냥 나무처럼 덤덤하게 바라보면 족하다. 그래도 어색하지 않다. 동네 뒷산에 아침산책을 가면 서로 먼저 아침인사를 나누지만 여기서는 금물이다. 그것이 그리 편하고 푸근하다.

다람쥐가 길을 가로지르며 꼬리로 인사를 하고 바람이 귀엣말로 소식을 전한다. 바람이거나 산새거나 직언이지 간접어가 아니다. 들을 귀가 있거든 들으라 한다. 나는 어느 날 새벽 그 숲길에서 아득히 먼 곳으로부터 소리를 들었다.

"지워라."

무엇을요?

내가 되물었다.

"인연이다."

그 물음 위로 방콕에서 보았던 새 공원이 한눈에 펼쳐졌다. 바로 쥬룽새공원이다. 넓은 새공원에는 진기한 새들이 예쁜 나무에 깃들어 노래하고 춤춘다. 이 나무에서 저 나무로 옮겨가면 노니는 새들을 보고 있노라면 바로 거기가 새의 천국임을 부인할 수가 없다. 한 가지 이상한 것은 그곳 새들은 높은 하늘을 향해 비상의 몸짓을 하지 않는다는 것이다.

내가 공원을 떠날 때 그 진실이 밝혀졌다. 새공원 안에서는 볼 수 없던 아득한 하늘까지 그물로 덮여있는 새공원, 그러니까 그곳 새들은 아무리 높이 날고 싶어도 저들 앞에 그물망이 처져있다는 사실을 시행착오를 통해 터득했던 것이다. 그러니까 지우라는 것은 내 안에 나를 옴싹달싹 못하게 하는 정신적 그물을 지워버리라는 것일 터. 그 뒤로 강릉은 잊지 못해서 찾아가는 곳이지만 지우기 위해 찾는 또 하나의 이정표가 되었다. 무상을 배웠다. 산이 높아 계곡이 깊고 계곡이 깊어 물소리 맑은 강릉, 허난설헌의 태가 묻힌 곳, 그의 빼어난 시가 생명을 부여받은 곳, 허균의 팽팽한 저항정신이 아직도 살아있는 곳.

나는 이번 수필의 날에 몇 년 동안 만나지 못한 그리운 얼굴들을 만났다. 수필의 길 30년에 문정文情도 깊어졌는가, 어느 동기간 만나듯 가슴에 품었다. 3, 4백 명의 사람을 한꺼번에 품을 수 있는 강릉시청 회의장도 좋고 비단처럼 꼼꼼하게 직조한 일정도 좋았다. 생각만 해도 그리움이 발진하는 강릉, 달 밝은 밤이 오거든 경포대를 찾으리라. 신사임당이 친정어머니를 그리며 시를 썼던 그곳에서 달빛을 풀어 편지를 쓰리라 "이제는 잊었으니 인연에서 벗어나 비상하라."고.

어느 날 새벽 그 숲길에서 아득히
먼 곳으로부터 소리를 들었다.
"지워라."
무엇을요?
내가 되물었다.
"인연이다."

반숙자

「한국수필」, 「현대문학」 수필천료, 수필문우회, 가톨릭문우회, 한국수필가협회, 한국문인협회, 국제펜한국본부 회원, 충북음성군내 초등교사 17년 역임, 음성문인협회 회장, 음성예총 회장 역임, 현대수필문학상, 한국자유문학상 신인상, 충북문학상, 음성군민대상, 충북도민대상 문학 부문, 동포문학상, 「월간문학」 제1회 동리상 수상, 저서 : 수필집 『몸으로 우는 사과나무』, 『그대 피어나라 하시기에』, 『가슴으로 오는 소리』, 『때때로 길은 아름답고』, 『사과나무』

숲의 추억

백미숙

1950년 6월 어느날 새벽, 모기장 속에서 깊은 잠에 취해 뒹굴고 있을 시간 빨리 일어나라며 나를 일으켜 세우는 어머니를 밀치며 "싫어 싫어 더 잘래." 짜증내며 감긴 눈을 비비는데 "전쟁났어 북한 인민군이 곧 우리 동네로 쳐들어 온단다 빨리 일어나, 정신 차려." 어머니는 내 어깨를 잡고 벌떡 일으켜 세웠다.

아버지를 비롯하여 온 집안 식구들이 옷가방과 간단한 살림을 마차에 나르고 있 었다. 꿈속을 헤매느라 나만 못 일어난 것 같았다. 나도 급히 옷을 입고 무슨 일인가 물어볼 사이도 없이 마차위에 올라탔다. 그때 내 나이 열두 살, 목포 북교초등학교 6학년에 재학하던 여름이었다. 밖은 아직 캄캄한데 길에는 보따리를 머리위에 얹고 등에 짊어진 많은 사람들이 쏟아져 나와 어디론지 급하게 움직이는 모습이 희미하게 보였다. 마치 바다 속에서 수많은 고래들이 헤엄치는 것처럼 보였다.

우리를 태운 마차는 한번도 다녀 본 기억이 없는 시골길을 덜컹덜컹 달리더니 해 뜰 무렵쯤 낯선 곳에 우리를 내려놓았다. 아주 띄엄띄엄 작은 초가집이 보이고 보리밭 옥수수 밭 야채 밭 등 초원처럼 넓은 들판이 펼쳐 있는 아주 조그마한 시골 마을이었다.

우리는 작은 초가집에 초라한 봇짐을 풀었다. 어미란 어떤 위급한 상황이 눈앞에 보여도 새끼들 먹이를 챙기는 본능이 있나보다. 그 와중에도 쌀과 김치를 어머니가 잘 챙겨 오셔서 다행히 우리 식구들은 배를 곯지 않고 하루 세끼 밥을 지어 먹을 수 있었다. 마을 뒤편에는 소나무가 우거진 얕으막

한 야산이 있는데 좁은 골짜기가 있어 물풀 사이로 아주 작은 피라미 같은 물고기들이 노닐고 비오는 날에는 개구리나 두꺼비가 눈알을 굴리며 개골거리고 제법 졸졸졸 흐르는 물소리가 노랫가락처럼 고요를 잠재웠다.

오가는 사람들이 별로 없고 할 일도 없는 동생과 나는 까치의 울음소리에 장단 맞추며 동요를 지어 부르고 소나무 숲 속을 헤매며 메뚜기를 잡아 곤충을 채집하고 이름 모르는 풀꽃을 뜯어 식물채집도 하다가 갑자기 앞에서 뱀이 기어가면 혼비백산 도망치기도 하고 숲속에서 이리저리 돌아다니다 물 속에 발을 담가 첨벙 거리며 노는 것이 우리의 유일한 즐거움이었다.

부모님이 땅굴 속에 숨어 지내시는 낮 동안 우리 자매는 그해의 무더운 여름날 소나무 숲이 있어 시원하게 보낼 수 있었다. 전화도 없고 전시라 우편으로 친구에게 편지도 보낼 수 없고 학교 소식도 모르고 가끔 인민군 복장의 군인들이 집 주위를 두어 바퀴 돌다 가버리면 그제서야 우린 다시 숲속에서 뛰어 놀 수 있던 참 답답한 유년기였다.

강산이 여섯 번이나 변하는 세월이 지나 갔는데도 내가 소나무 우거진 숲을 좋아하는 이유는 그때 무섭고 외롭던 마음을 달래주던 소나무 숲이 나의 깊은 뇌리에 추억으로 남아 있기 때문이라고 생각된다. 인민군들이 북으로 도망갔다는 소식이 라디오를 통해 들리자 우리는 서둘러 목포 북교동에 있는 우리 집으로 돌아갔다.

우리 집은 인민군대의 본부로 사용 했다는데 가마니에 무명 팬티와 셔츠가 산더미처럼 쌓여 있고 쌀을 비롯해 생필품이 창고에 가득하고 우물가에는 썩은 배추, 콩나물 등 야채들이 넘쳐나 있어서 고약한 냄새가 온 집안에 풍기고 있었다. 그래도 담장 안에 소나무, 감나무, 벚나무를 비롯하여 수련과 붓꽃들이 웃으며 반겨주니 조그만 내 가슴이 환하게 밝아졌다.

다행히 군청 직원들이 와서 물품들을 가져가고 집안을 정리해 주어서 우리가 정상적인 생활로 돌아가고 있었는데 중공군들이 다시 인민군과 함께 쳐들어오고 있다는 뉴스가 또다시 우리를 놀라게 했다. 또 어떻게 피난을 갈수 있을까 걱정하시던 부모님은 어린 자식들을 또 힘들게 하고 싶지 않으셨는지 고향인 제주도로 우리 삼남매를 보내기 위하여 서두르셨다.

난 부모님을 두고 우리만 도망가는 것 같아 많이 울었다. 가기 싫다고 몸부림을 쳤지만 방송국장이던 외삼촌의 설득에 LST 선船에 올랐다. 심한 배멀미에 곤죽이 되어 5일 만에 제주항에 도착했는데 그 시간부터 내 인생은 한길 큰길을 돌아서 둘레 길을 걷게 된 것 같다.

제주 남초등학교를 졸업하고 중학교를 가게 되었는데 어리고 순진했던 나는 짙은 곤색에 가늘고 하얀 줄무늬가 있는 에리에 하얀 머풀러를 타이처럼 맨 쎄라복이라는 교복이 입고 싶어 선생님 권유를 뿌리치고 바로 집 앞에 있는 여자중학교를 마다하고 멀리 삼성혈에 임시 천막을 쳐서 공부하는 제주여자중학교에 입학했다 그때는 6.25사변으로 수많은 피란민들이 제주에 들어왔던 전시상황이라 학교 건물을 군에 빌려주고 고양부高梁夫 세 시조始祖가 땅굴에서 나왔다는 성지 삼성혈聖地 三姓穴 단지 안에 천막교사를 짓고 공부하고 있었다.

삼성혈에 있는 중학교에 입학하러 가서 깜짝 놀랐다 그곳은 소나무가 울창하고 삼성三姓의 시조始祖가 나왔다는 유래가 있는 만큼 내가 피난갔던 시골의 소나무 숲과 흡사하지만 훨신 아름답고 운치있는 숲속이었다. 개구리 노랫소리가 시도 때도 없이 즐거움을 노래하고 쉬는 시간이면 곳곳에서 삼삼오오 무리지어 뛰쳐나온 소녀들의 재잘거리는 웃음소리가 까치들의 아우성과 어우러져 소나무 가지를 흔들며 전쟁중이라는 사실을 잊을만큼 즐겁고 재미있는 학창시절을 보낼 수 있는 곳이었다.

숲속에서 보낸 중학교 생활, 제주도민의 숫자보다 몇 배

많은 피란민들과 함께 의식주衣食住를 해결 해야하는 열악한 상황 속에서도 우리가 건강하게 생활할 수 있었던 건 소나무가 뿜어내는 맑은 산소와 바람에 나부끼는 풀꽃의 미소, 따가운 여름햇볕을 가리워 주는 우람한 소나무의 싱싱한 솔향이 있는 숲이 있었기 때문이라는 걸 어른이 되고 나서야 깨달을 수 있었다.

일제日帝시대 전쟁과 6.25 동란으로 우리나라의 많은 산이 벌거숭이가 되고 큰비가 내리면 산이 무너져 내리던 중고등학교 시절, 해마다 식목일에 삽과 괭이를 들고 산 위에 올라가 소나무 묘목을 심고 물을 주고 심은 사람의 이름표를 메어 두고 나무가 얼마나 잘 자라는지 체크하기도 했다. 그때 부르던 노래가 생각난다. '산에 산에 산에다 나무를 심자.' 벌거벗은 우리 산에 메아리가 살 수 없어 가버린다는 동요가 우리 국민들에게 산에 나무를 많이 심어야 하겠다는 의식을 고취해 주었다. 그때부터 우리 국민들이 힘을 모아 나무를 심은 까닭에 지금 우리 산에는 숲이 우거져서 동식물들이 생식하기 좋아지고 홍수를 예방하고 우리의 생명줄인 물과 산소를 공급 해주고 사계절 아름다운 풍광豊光을 노래할 수 있게 되지 않았을까.

나는 늘 숲속에 통나무집을 짓고 살고 싶은 마음이 가득하지만 여의치 못한 까닭에 숲이 아주 가깝거나 숲을 바라볼 수 있는 지역에서 살았다. 아침에 일어나 창문을 열면 작은 숲이 보이는 이 집에서 이제는 이사를 갈 수 없을 것 같다. 숲은 나에게 추억을 선물하며 행복을 느낄 수 있게 해주는 최선의 공간이기 때문이다. 숲이 얼마나 나의 삶에 플러스 알파를 주었는지 다시 생각해 본다.

온 집안 식구들이 옷가방과 간단한 살림을
마차에 나르고 있었다.
무슨 일인가 물어볼 사이도 없이 마차위에
올라탔다.
그때 내 나이 열두 살, 목포 북교초등학교
6학년에 재학하던 여름이었다.

백미숙

제주 출생, 「한국문인」 시, 수필 부문 신인상 당선 등단, 한국문인협회 회원, 재경 제주도민회 자문위원, 한국문인상 편집위원, 창시문학 회장 역임, 문파문학회 명예회장, 창시문학상, 새한국문학상, 황진이문학상본상 수상, 저서 : 시집 『나비의 그림자』, 『한국명시선집』 공저 외

물소리, 태동의 고향

서원순

숲이나 계곡에 오면 누구나 시인의 마음이다. 문인이 아니라 해도 시인의 눈으로 아름다운 풍광을 보고 시인의 귀로 자연의 소리를 듣게 되니 말이다. 일부러 대관령자연휴양림으로 동료 문인들과 함께 떠나기란 그리 쉽지 않은 일이다. 2011년 수필의 날 행사를 통하여 숲과 물,

바람과 달을 만끽하며 자연에 몰입했던 시간들은 여름이 나에게 허락한 큰 축복이었다.

구불구불 휴양림까지 이르는 비포장도로 길은 콘크리트로 다져져서 관광버스가 원활이 다닐 수 있도록 잘 정돈 되어 있었다. 그래도 워낙 폭이 만만치 않고 험한 길인데 밤에 도착하게 된 우리 일행은 멋도 모르고 오르막 산길의 버스 곡예를 은근히 즐겼었다. 물안개가 자욱한 계곡 위의 나무다리를 지나 숙소에 당도 했다.

캄캄한 밤에 들리는 계곡의 물소리가 온갖 삶의 공해로 찌든 내 안과 밖을 정화 시키는 청량한 힘이 되어 머리부터 발끝까지 혈액처럼 순환을 돈다. 폭포 소리에 피곤이 멀리 도망치니 몸도 마음도 날아갈듯 가벼웠다. 먼 나라의 이렇다 할 폭포수를 보며 그 웅장함과 물 떨어지는 소리에 놀라기도 했었지만 대관령자연휴양림, 이곳의 이름 없는 작은 폭포가 오히려 내 깊은 심해 속으로 콸콸 쏟아져 내렸다.

우리가 묶고 있는 숙소와 계곡이 가까워 물소리를 자장가 삼아 잠을 청했다. 내가 생명으로 이름 지어진 후 어머니 뱃속에 있을 때부터 놀던 곳이 물속이라선지 물소리는 엄마 목소리처럼 늘 나를 편안하게 해준다. 그 익숙한 물소리를 좋아하다 못해 물속에서 노는 것에도 중독이 되어 별명이 목욕

하는 여자가 되었으니, 나는 마치 태동의 고향에 귀향이나 한 듯 휴양림 숲속의 방에서 하룻밤을 묵기로 했다.

수도에서 나오는 물도 약수 맛이라 그냥 식수로 사용 했고 샤워기에서 나오는 물이 단물이라 비누질을 하지 않아도 피부가 부드러웠다. 막 잠이 들려는 찰라 몇 명이 수런거리는데 밤하늘을 보니 무수한 별들이 보석처럼 빛나고 휘영청 밝은 달이 예사롭지 않다는 것이다. 빨리들 나오라며 풍년이 오거나 처녀 총각이 시집, 장가를 가려면 달이 크게 보이는 것이라고 덩실하게 떠 있는 둥근달을 바라보며 두 팔로 달을 보듬고 있었다.

결국 방밖으로 나가 설레는 맘으로 물가에 앉아 수필로 밤을 엮는지 그들은 새벽바람에게 말을 걸고 있었다. 곁에서 원로 문인 몇 분이 정담을 나누느라 두런두런 하더니 밤이 이슥한지 물소리가 점점 더 커지고, 흐르는 계곡에 내려앉은 별을 건지려는 듯 여럿이 손을 담가 휘젓는 소리가 합창으로 번지고 있었다.

이른 아침 모두 안개 희부연 산책로를 따라 삼삼오오 음악이 있는 공연장을 향해 오르고 있었다. 생명 줄기처럼 오두막 앞에서 졸졸거리며 나오는 약수 한잔을 마시고 나는 관목들이 줄지어선 휴양림을 바라보았다. 소나무 숲 아래 쥐똥구리 나무가 키 재기를 하는데 밤새 쳐놓은 거미줄에 몸을 틀며 숨을 거둔 풍뎅이 한마리가 걸려 있었다. 나무가 나무로 보이지 아니하고 물이 물로 보이지 않듯 거미줄에 얽혀 숨을 거둔 풍뎅이와 그 주변을 어슬렁대는 산거미가 내 본질로 보이는 휴양림의 아침.

나도 하늘에서 잘 지내고 있다고 전하는 엄마의 음성, 그 물소리. 언제 다시 올지 기약 없이 아쉬운 걸음을 내딛는데 길가 늙은 망촛대도 허옇게 핀 쑥부쟁이도 언제까지 기다리겠노라 내게 손을 흔들고 있었다.

늙은 망촛대도 허옇게 핀 쑥부쟁이도
언제까지 기다리겠노라
내게 손을 흔들고 있었다.

서원순

서울 출생, 한국문인협회, 여성문학인회 회원, 현 한국수필가협회 사무국장, 한국수필문학상, 「수필과 비평」 등단, 한국문인협회, 한국여성문학인회, 문학의집, 시문회 회원, 한국수필가협회 사무국장, 문학서초 편집장 역임. 현대문학동인회 회장 역임, 저서 : 수필집 『어느날의 초상』, 『목욕 하는 여자』 외 다수

수필의 날, 그때 그 숲길을 거닐며

서용선

전국 수필가들의 모임인 수필의 날 행사에 참여하기 위해 강릉으로 달려가고 있다. 그치지 않을 것 같은 빗줄기 속에서도 지연희 회장을 중심으로 한 주최 측에서는 여러 대의 버스를 대절하여 행사를 진행하고 있어 그 흐트러짐 없는 일사불란함이 다른 단체와는 사뭇 달라 차별

감이 느껴진다.

조금 더 잘났다고 목소리를 높이는 이도, 조금 더 부족하다고 자기 자신을 비하시키는 사람도 있지 않다. 오히려 인생을 수필의 빛깔로 살아가는 사람들이라서 그런지 수필인의 은은한 표정 속엔 차분하게 정돈된 따뜻한 정들이 도탑게 묻어 있다.

몇백 명을 움직이는 바쁜 진행 중에도 낭패를 보는 일이 없이 잔잔하고 안정감이 서려 있는 수필가들의 성품들 – 그 동요가 없는 잔잔함 속에는 고품격의 당당한 꽃대가 숨어있어 서로 다른 향기를 피워내는 저마다의 모습은 모두가 흐르는 물과 같아 외유내강의 모습들이다.

선배를 깍듯이 섬기고 후배를 잘 보살피며 편안함을 주는 것도 수필인들의 남다른 향기인 듯 싶다. 다른 장르와는 다르게 수필은 모든 장르를 넘나드는 자유를 가져서인지 수필가의 사고思考엔 고지식함보다는 유연함, 딱딱함보다는 부드러움, 혼자이기보다는 함께할 줄 아는 조화로움과 다양성이 있어 좋다.

이번 행사도 문인협회 수필분과에서 주최했지만, 강원도 산림청 주관으로 수필인과 수필의 저변확대를 위해 베풀었던 행사인 만큼 새소리만 들리는 숲속 깊은 곳에 마련된 우

리들의 숙소도 무릉도원과 다를 바 없다,

도착하자마자 세차게 들려오는 청량한 계곡물소리가 끈끈한 더위를 털어갔고, 대자연이 주는 하모니의 향연은 우리를 더 없는 행복감으로 안내해 준다, 펜션가득 담겨있는 나무향기며 빛처럼 쏟아져 내리는 피톤치트에 감싸여 우리들은 달과 별이 숨바꼭질하는 새벽녘까지 잠에 빠질 수가 없어 별님노래, 달님노래 - 숲속의 노래까지 계곡의 합주곡에 맞춰 부르며 한 권의 추억사전을 만들고 있다.

잠을 못 잤지만 아침 일찍 잠자리에서 일어날 수 있었던 것도 산림만이 줄 수 있는 피톤치드의 생명력이 아닐 수 없다. 새벽 산자락마다 동서양의 모든 미인들의 다리를 모아놓았던지 쭉쭉 뻗은 미인 송들의 군집에 물안개들이 다가 와 소리 없이 우리를 살포시 감쌀 땐, 먼지 낀 세상이지만 무릉도원이 아닐 수 없다,

이제 서울로 돌아가면 태백의 여명과 함께 새벽의 운무길을 거닐며 자연 바람과 숲의 향취로 충전된 기운을 참석하지 못한 문우들에게도 전해주고 싶다. 또한 이곳엔 건강을 위해 찾아오는 이를 위해 잘 꾸며진 야영장이 90여개나 된다하니 그 규모 또한 놀랍지 않을 수 없다.

수필의 날을 맞이해 자연을 사랑하는 이들과 그 자연을

만끽했으니 그 자연 역시 우리들의 영혼까지 대자연 속에 파묻히게 한다. 선조들이 숲과 계곡을 소중히 가꾸어 우리가 행복감을 만끽하고 있듯, 우리도 후손들에게 아름다운 숲길을 유산으로 남겨 행복을 노래하도록 해야겠다.

저마다의 모습은 모두가 흐르는
물과 같아 외유내강의 모습들이다.
차분하게 정돈된 따뜻한 정들이 도탑게 묻어 있다.

서용선

「현대수필」 등단, 서초수필문학회, 한국문인협회 회원

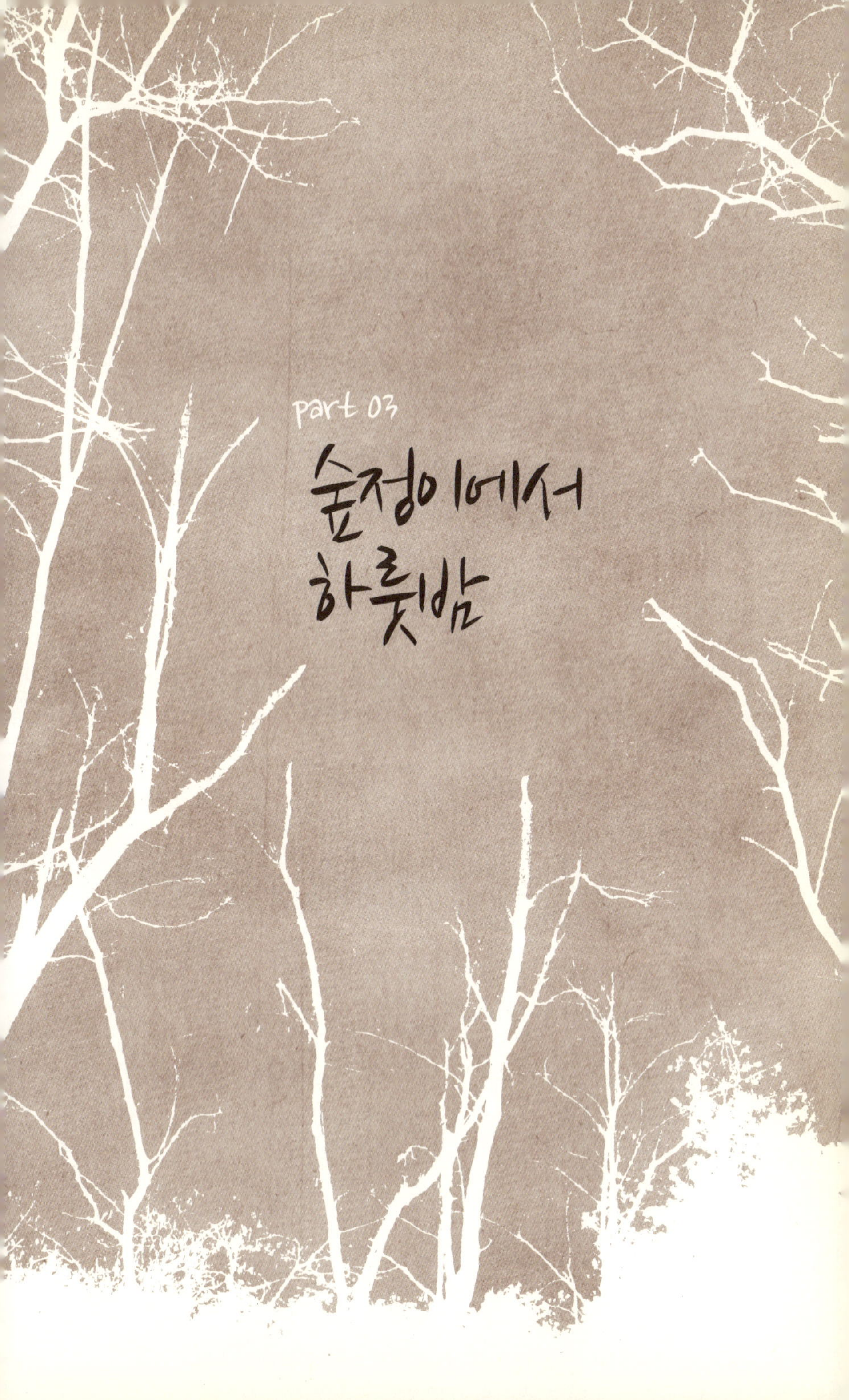

part 03

숲정이에서 하룻밤

수필향이 흘러넘친 대관령자연휴양림

엄갑도

시류 따라 이해득실에 얽혀, 모였다가 헤어지는 모임들이 얼마나 많은가. '수필의 날' 행사 또한 별반 다를 바 없는 모임같지만 수필가들의 화합과 친목, 그리고 수필문학의 발전과 권익옹호를 위하여 공헌하는 바가 크다 아니할 수 없다.

나는 열 번이나 수필 마당을 마련하여 행사하는 동안, 근래에 번번이 이런저런 사유들로 참석하지를 못하였다. 그 아쉬움이 가슴속에 스며있어 올해는 꼭 참석하리라 마음먹고 있던 차에 연락이 와 청주 팀에 합류했다. 행사장인 강릉시청 강당에 도착하여 전국에서 모여든 많은 선배 문우들을 만나 인사를 나누게 되니 그 반가움이 컸다.

시간이 되어 '수필의 역사를 짓다' 란 캐치프레이즈를 건 제11회 수필의 날 행사가 시작 되었다. 개회선언이 있고, 수필분과 회장인 지연희 운영위원장의 "대한민국 수필문학 세우기를 책무로 인식하여 최선을 다하려 한다."는 개회인사를 필두로 현대수필학회 윤재천 회장의 수필의 날 선언문 낭독, 올해의 수필인 상 수상, 그리고 축사 등으로 1부 행사를 끝내고, 이어서 극작가 신봉승씨의 문학 강연, 정목일 이사장의 산림과 문학, 그리고 수필 낭송 등 계획된 모든 행사를 성공적으로 마쳤다. 참석한 400여 명의 수필가들의 가슴에는 한국 수필의 밝은 전망과 발전이 환한 서광으로 비쳐오는 듯 느껴졌으리라.

성황리에 공식행사를 끝낸 후 저녁 식사를 하고 강당 밖으로 나오니 어느덧 어스름이 찾아들고 있었다. 배정된 버스를 타고 숙소인 대관령자연휴양림을 향해 출발했다. 대형 버스 4대가 대관령자연휴양림을 찾아오를 무렵에는 완전히 캄캄해져 좁은 길을 찾아 오르는 운전기사의 고생이 이만저만이 아니었다. 몇 차례씩 후진 전진을 거듭하면서 가까스로 어두움 속에서 목적지에 도착할 수 있었다. 울창한 소나무 숲과 맑은 계곡, 바위로 어우러진 풍광이 밤 불빛 속에서도 아름다워 보였다.

배정된 펜션을 찾아 들었다. 방 두 개를 가진 우리 펜션에 배정된 인원은 12명, 옆에 붙은 작은 방에 5명, 큰 방에 7명이 함께 하루 밤을 보내게 되는 인연을 갖게 되었다. 더욱 반가웠던 것은 2000년에 미국 L.A에서 한국문인협회가 주최한 한민족문학인세계대회에 함께 참석했던 서울에 사는 김영월씨를 한방에서 만났으니 얼마나 기뻤겠는가.

11년 세월 저편으로 돌아가 세월의 낭만과 멋, 그리고 인정을 함께 마시면서 쌓인 정담을 나누는 순간들이 그렇게 즐거울 수가 없었다. 오늘 새로이 만나 인사를 나누고 한방을 함께 하게 된 문우들의 인연 또한 소중하지 않겠는가. 이렇게 해서 대관령휴양림의 여름밤은 오락가락 떨어지는 빗소리 속에 밤늦도록 방마다 흘러나오는 짙은 수필향隨筆香으로 젖어들고 있었다.

얼마를 잤을까. "콸콸콸" 계곡물 흐르는 소리, 재잘거리는 새소리에 잠이 깼다. 상쾌한 새벽이었다. 청주에서 함께 온 김영한 회장과 함께 아침 산책길에 올랐다. 비온 뒤 아침 산 빛은 유난히 푸르렀다. 솔향 내음이 진동하는 아름다운 계곡을 따라 올라가니 여기 저기 그림 같은 펜션과 정자 등이 자리 잡고 있는데 자연과 어울려 더욱 운치를 더하고 있었다. 새벽이슬 머금은 숲속에는 새들의 지저귐이 가득하고, 아름다운 계곡에서 흘러내리는 물소리는 옥피리 소리인양 애잔한데, 아침 물안개 피어올라 푸른 나무들 사이를 번져 가면서 산골짝 빈 공간을 메워가고 있었다.

한참을 올라오다보니 계곡을 가로 질러 만들어 놓은 출렁다리가 나타났다. 오랜만에 출렁다리 출렁임의 스릴을 즐기면서 건너갔다. 출렁다리를 지나자 산길은 가팔라지기 시작했다. 가파른 산길을 얼마나 올라 왔을까. 이마에서는 땀이 흐르고 가슴속은 뻥 뚫린 양 시원한데, 더 이상 입산을 금지하는 쇠 철조망이 앞을 막고 있었다. 산정기를 들이마시는 쉼호흡을 두어 번 하고 하산을 서둘렀다. 올라갈 땐 일찍 올라온 문우들에게, 내려올 땐 올라오는 문우들에게 반가운 인사를 하고 정다운 대화를 나누는 즐거움도 참 좋았다.

한 시간 정도 산행을 즐기고 숙소로 내려오니 동숙한 문우들이 수필문인 전체가 숲에 대한 이해를 돕고 숲속을 거닐며 숲에 대한 지식을 얻을 수 있도록 숲 해설가와 함께하는 산행이 계획되어 있으니 아래쪽 방문자 안내센터 쪽으로 내려가자고 했다. 계획된 장소에 오니 숲 해설가 세 분이 한 팀씩 인솔하여 출발하고 있었다. 각자 체력에 맞추느라고 일부는 이미 출발을 했었다. 나는 마지막 조 숲 해설가와 함께 출발했다. 조금 전 내가 산행한 방향과는 완전히 다른 솔고개 쪽이었다.

숲 해설가는 계속해서 소나무에 대한 해설을 하였고 우리는 새로운 지식을 얻는 마음으로 열심히 경청하면서 산행을 계속했다. 솔고개에 이르자 하늘을 찌를 듯 쭉쭉 벋어 자란 소나무들이 열병을 하듯 늘어서 있었다. 숲 해설가는 이곳 솔숲은 우리나라에서도 그리 흔치않은 수준의 아주 양호한 솔숲이라고 하였다. 이렇게 해서 우리 수필가들은 솔 고개를 넘어 각종 수련시설이 설치되어 있는 숲속 수련장을 지나 산 중턱에 만들어 놓은 숲속 교실에서 모두 함께 만났다.

먼저 온 여성 수필가들이 아름다운 아침 산의 풍광에 취해 흥을 돋구자 재치 있는 실무 요원의 사회로 즉석 무대가 만들어져 재능 있는 회원들에 의해 한 동안 흥 풀이가 계속되었다. 어느덧 솔가지 사이로 찬란한 아침 햇살이 눈부시게 쏟아지고 있었다. 대관령 산록에 활기찬 웃음과 수필문향이 눈부신 햇살과 함께 고루고루 뿌려진 아침이었다. 지연희 위원장은 흔쾌한 웃음을 날리면서 내년은 더 멋진 행사를 준비하겠다는 인사까지 했다. 짧은 시간이지만 솔향 보다 은은한 우리들만의 내밀한 속삭임과 호쾌한 웃음을 이곳 대관령자연휴양림 산록에 한껏 쏟아놓고 우리는 하산을 서둘렀다.

사람이 살아가는데 정만큼 소중한 것이 또 있을까. 남은 여생 수필문학을 하는 동안 오늘 같이 아름다운 인연이 자주 있기를 간망懇望해 본다. 정이 있는 곳에 사랑이 있고, 사랑이 있는 곳에 천금 같은 수필향이 따라 다니지 않겠는가. 깊은 숲속의 진한 수향과 맑은 빛 시냇물, 천년 변함없을 대관령의 고절한 기품과 정기가 다시 한 번 우리들의 몸과 마음을 휘감고 흘렀다. 참으로 행복했다.

아름다운 계곡에서 흘러내리는 물소리는
옥피리 소리인양 애잔한데, 아침 물안개
피어올라 푸른 나무들 사이를 번져 가면서
산골짝 빈 공간을 메워가고 있었다.

엄갑도

한국문인협회, 한국수필가협회, 충북수필문학회 회원, 국제펜클럽한국본부 이사, 충북수필문학회장 역임, 극동정보대학 강사, 충북중앙도서관장, 충북수필문학상, 한맥문학 본상, 청주 예술상, 홍조근정 훈장 수상, 저서 : 수필집 『탑을 쌓아 올리는 삶』, 『행복한 자유인』, 『영원한 기적의 땅』 등

또 다른 모양의 숲의 개념

오차숙

사막에서 헤맬 때 그 목을 축여주는 대상은 무엇인가. 거실엔 조그마한 어항 한 대가 설치되어 있다. 어항 속에는 큰 물고기, 작은 물고기를 포함해 여러 종류가 제멋대로 헤엄쳐 다닌다. 하루는 꼬리와 지느러미가 잘린 고기들이 헤엄치는 것을 포기한 듯, 휘청거리고 있었다.

큰 고기들은 여전히 활발하지만 여느 때와는 달리 공격성을 지닌 채 작은 고기를 쫓아다니며 꼬리를 쪼아 먹었다. 무언가 광증에 시달리는 것처럼 안정을 취하지 못하고 있었다.

둥둥 떠오르는 작은 물고기들과 그 주검들…….“왜 그럴까” 고민하지 않을 수 없었다. 가만히 살펴보니 어항 속에는 수초水草가 없었다. 어항 속을 파랗게 장식했던 수초들이 어항 물을 갈아주다가 며칠 동안 빠진 채 방치해 있었다. 그 속은 그냥 어느 정도 모양은 갖췄지만 모래만으로 허옇게 장식된 사막 속 수족관에 불과했다

재빨리 수초를 구입해서 그 속을 환상적으로 장식해 보았다. 수족관 속은 무릉도원처럼 환원되어 물고기들의 안식처인 꿈의 보금자리로 변하게 되었다. 공격성이 사라지고 서로가 유유자적하게 헤엄치며 수초 속에 숨어 새끼까지 낳기 시작했다. 큰 고기와 작은 고기들이 스킨십을 하고 숨바꼭질을 하며 활발하게 살아가는 모습으로 변했다. 인간이 아닌 물고기들도 황폐한 환경에서 헉헉대다 그 짙푸름 하나로 생명력을 되찾다니.

“아하! 바로 이것이로구나! 삶이라는 괴물이…….” 근데, 인간과 자연의 보이지 않는 관계는 언제까지 먹고 먹히는 관계로 치달을 것인가. 지금 이 시점에 사람도 울부짖고 자연도

그 내장內藏을 드러낸 채 통곡하고 있다. 서로가 서로의 힘을 과시하며 겨루다가 기진맥진한 채 내동댕이쳐 있다. 순리를 거슬러 올라간다는 것, 그것은 비전을 꿈꾸는 도전이라기보다 아담과 하와가 에덴동산에서 선악과善惡果를 따먹은 현상과 다르지 않았다.

인간은 예측불허의 재난 앞에 쭈그리고 앉아 부르르 떨고 있다. 지구상에 존재하는 모든 것이 이젠 먼 옛날 신화가 재현이 되듯, 예언의 가능성을 숙지하고 싶은 충동이 생기듯, 하늘에서 유성이 예측 못할 곳으로 떨어지는 그 순간이듯, 우리들의 관계와 관계도 그 위협에서 벗어나지 못하는 순간이다. 현대 문명이라는 괴물의 하수인이 되어 인간의 마음도 강퍅해져 벌거숭이가 되고 , 인간에게 시달리는 자연도 이젠 분노를 지연시키지 않는 현실이다.

무지한 사람이 타인에게 상처를 주듯 그 심안心眼이 열리지 않아 자연 위에서 군림하는 홍두깨비가 되어가고 있으니 아하, 삶이란! 그러나 그 상처를 치료하는 자도 결국 상처를 준 당사자가 아니던가. 이것으로 볼 때 자연보다도, 신神보다도, 그 우위에 앉아 군림하는 괴물이 인간이란 결론이다. 하지만 신께 기도할 수 있는 것도 인간이고, 자연의 위태로움을 회복시킬 수 있는 것도 인간이므로 인간은 만물의 위로자와 그 치유자, 이제 너와 나 신神의 상처와 자연의 상처를 치유하기 위해 수술대 위에서 춤을 춰 보자.

너, 순수로 돌아가는 지구인이 되어!
나, 순수로 돌아가는 지구인이 되어!

지금 이 순간 내 자신을 지배하는 것은 다름 아닌 글쓰기, 그중에서도 주체가 되고 있는 수필을 배재할 수가 없다. 수필을 창작하기 위한 에너지와 그 조건도 나름대로의 숲이기에 그날을 기념하는 '수필의 날 행사'에 대해서도 자연을 복구하기 위한 마음처럼, 절절함이 없지 않았다. 그렇게 의미 있는 날, 가정 사정으로 인해 그 한계선과 싸워서 무릎을 꿇지 않았던가. 처해 있는 한계선을 극복하는 마음과 그 열정이 중요한데 실수 중의 실수를 범하고 말았다.

그러나 그날을 기념하기 위해 노력을 많이 했던 선생님들과 문우들은 나를 살게 하는 짙푸른 숲이나 다름이 없고, 그 숲이 있었음에 또다시 기력을 회복하며 스스로의 열정을 다독여 나간다. 그들의 노고가 아니었으면 우리 수필계는 지반地盤이 없는 흙산이나 민둥산과 다를 바 없는 것, 그래도 그들이 근사한 산을 만들어 청청함을 이루며 쉬게 해 주었으니,

나에게는 또 다른 모양의 숲의 개념이다.

자! 이제, 인간과 자연처럼, 물고기와 수초처럼, 사막과 오아시스처럼, 서로의 영혼이 푹 잠겨 뛰어놀 수 있는 천지天地를 만들어, 멸하지 않는 이상향을 창조해 나가야지. 에덴동산 이전以前, 그 시간으로 돌아가길 원하는 매미의 울부짖음처럼…….

둥둥 떠오르는 작은 물고기들과
그 주검들…….
아하! 바로 이것이로구나! 삶이라는
괴물이…….

오차숙

「현대수필」 등단, 국제펜클럽, 한국문인협회, 한국수필학회 회원, 현 「현대수필」편집장, 구름카페 문학상, 세계 계관 시인상, 저서 : 『번홍화』, 『가면축제』, 『수필문학의 르네상스』, 『장르를 뛰어넘어』, 『음음음음 음음음』, E-mail : sokook21@naver.com

숲길 위에서

유시경

가다 멈추고 가다 멈추고. 구절양장과도 같은 산길을 가까스로 돌자 어둑해진 신세계의 풍경이 눈앞에 펼쳐진다. 산림청에서 운영한다는 대관령자연휴양림 숲속에 들어섰다. 배당된 숙박 시설의 열쇠를 받아들었다. 열쇠고리마다 방 이름들이 큼지막하니 씌어있다. 고라니, 꽃사

승, 너구리, 반달곰, 소나무, 음나무, 자작나무, 잣나무 등. 숲에 들자 우린 순식간에 인간으로부터 벗어났다. 짐승은 이쪽, 나무는 저쪽으로 가라는 안내인의 말에 일행은 웃음을 참지 못했다. "짐승이 아닌 게 참 다행이지요?" "짐승보단 나무가 낫네요. 허허." 차라리 동물이라고나 하지, 짐승이란 표현은 왜 하냔 말인지. 치고받고, 아옹다옹 터지고 깨지고. 아무렴 짐승으로 치자면 인간이 최고의 짐승일진대. 하지만 난 아직 어설픈 중생의 하나라서 참 다행이란 생각이 든다.

눕는 자리가 바뀌면 몸의 생체리듬도 여지없이 변하나 보다. 새벽 다섯 시 반에 맞춰둔 알람. 잠시 후면 "꼬끼요오~ 삐악삐악" 하고 닭울음소리가 울릴 터였지만 나는 잽싸게 일어나 모닝콜을 해제했다. 눈을 뜨니 나무 냄새가 풍긴다. 일견一見에 일각一覺. 숲길에 든 나는 한걸음 뗄 때마다 문득 깨닫고 싶은 치기稚氣가 생긴다. 가령 밤새 지치지도 않는지 숲은 쉴 새 없이 제 안의 물을 방생하였다. 마치 영문도 모르고 산속에 들어온 속세의 인간들에게 "내 몸은 이토록 기력이 성성한데 너희는 예까지 와서 잠이 오더란 말이냐?" 하고 꾸짖는 것처럼 들렸다. 나는 펜션 밑으로 흐르는 폭포수에게 약간은 쑥스럽기까지 했다. 옷섶을 추스른 뒤 '소나무 집'과 '음나무 집' 사이를 서성거리다 문 밖으로 발을 내밀어본다.

운무 낀 대관령의 새벽을 걷는다. 내 몸이 숲으로 들어간 날, 숲이 내 몸으로 들어오는 소릴 듣는다. 숲이라는 이름을 만들어준 나무들의 숨소리. 폭포가 숲의 콩팥이라면 오솔길은 숲의 십이지장 정도가 될까. 현미경 위에 놓인 잎맥을 임상 시험하는 예비 관찰자처럼 숲속의 체세포에 귀를 기울이기로 한다. 숲에서 보는 하늘은 매우 가깝고 크다. 숲이 있는 하늘은 하도 넓어서 손으로도 가려지지 않는다. 도시의 하늘은 밋밋하고 허약하지만 숲속의 하늘은 풍성하고 건강해 보인다. 숲속의 하늘은 숲을 떠나는 법이 없다. 나뭇가지의 틈새, 가닥 가닥까지도 하늘이 내려와 굴절되고 분산된다. 햇살과 하늘빛이 어우러져 속살거리는 곳, 거기가 혹 숲의 정수리는 아니었을까.

숲길을 걷는 것은 인간의 내부를 탐색하는 것과 다르지 않을 것이다. 어쩌면 숲은 나무들의 집이라기보다 그 자체로 몸이 된 것은 아닌지 모르겠다. 산도産道를 통해 들어간 숲속, 한바탕 거센 물줄기를 쏟아내고 있는 오줌길을 뒤로 하면 폐동맥에서 피톨 고르는 소리가 들려온다. 이백 년이나 살았다는 소나무 숲에 들어선다. 승천하지 못한 이무기 몇 마리가 똬리를 튼 채 서로의 허물을 보듬고 있는 듯한 솔가지의 문양을 보면 그 노년의 나무 앞에 절로 경의를 표하게 된다.

난 하루에도 몇 번씩 문 밖으로 나가고 싶어 안달하지만 막상 길을 떠날 때면 그 많은 햇살과 그 올곧은 나무들과 조우하질 못하였다. 사람들은 서로 팔짱을 끼고 달린다. 얼굴을 마주대고 사진을 박는다. 한순간 참새처럼 재재거리다가도 느닷없이 후르르 날아가 버리는 나는 큰 나무들과 팔짱을 낄 비위도 부족하고 작은 꽃들과 얼굴을 비빌 보짱도 없이 결국 행렬로부터 뒤쳐지기 일쑤였다. 사람 숲에 치여 살면서도 결과 결끼리 통하는 방법엔 정작 서툴기만 하니 이 부끄러움을 어느 숲길에다 토로할까.

목성균 선생의 속리산기俗離山記를 읽으면 '빌딩과 사람숲'에나 이골이 난 내가 말없는 숲에 대해 언감생심 단어 몇 마디로나 끼어들 수 있을까 싶어진다. 그는 자신을 가리켜 "자원의 이용과 국토의 보전이라는 숲의 이율배반적인 존재가치를 합리화하는 공무원"이라 회고하였다. 산은 그분의 삶에 관대했으나 선생은 그의 믿음에 부응하지 못했다며 탄식하였다. 숲은 말한 바가 없었을 것이다. 숲의 주체인 저 나무들이야말로 청춘을 숲과 살다 가신 그분과 어쩜 한 몸이었는지도 모를 일이다.

모든 사람이 다 숲에 들 필요는 없을 것이다. 고기 굽는 일을 하는 나는 숯불을 피울 때마다 숯 한 조각이 거기서 나왔다 생각하면 먼발치에서나마 숲과 나무의 고마움을 느끼게 된다. 어쩌면 숲은 숯이라는 재창조물을 통해 내 삶 깊이 다가왔는지도 모른다. 자원의 활용이라는 측면을 이해한다고나 할까. "숲은 우리에게 무엇을 주는가?" 라고 어찌 물을 수 있으랴. 자연을 솔직하게 노래하기란 쉽지 않다. 『무서록』에 쓰인 이태준 선생의 말씀처럼 문헌에 얽매이기 때문이다. '피톤치드' 니 '숲의 정기' 니 하는 말도 결국 인간의 수명연장을 위해 만든 합리적 용어 아니겠는가.

내가 잠든 방이 너구리나 반달곰 같은 짐승 냄새 풍기는 이름이 아닌 게 다행이라는 우스운 생각은 이제 접기로 한다. 길. 숲의 몸 한쪽이 내게로 왔으나 나는 단 하루를 머물지 못하고 그 길을 떠나왔다. 시간이 흐를수록 무수히 많은 인자仁者의 발에 밟혀 숲이 점점 작아진다는 사실을 선자先子는 알고 계실까.

내가 입고 있는 옷의 이름이 그냥 옷일 뿐인 것처럼 숲은 그 이름만으로 우리에게 '가깝고도 먼 당신' 이 되어버렸다. 다만 온몸으로 밀고 가는 숲, 나도 그런 숲속의 나무 한 그루처럼 천천히 살고 싶은 것이다. 청춘은 숲처럼 파랗지만도 않을 것이니, 정열적으로 살다 가는 저 숯 한 조각으로나마 재생되고 싶은 것이다.

숲속의 나무 한 그루처럼 천천히
살고 싶은 것이다.
청춘은 숲처럼 파랗지만도 않을 것이니,

유시경

2010년 「한국산문」 등단, 군포신문사 객원 기자, 군포문협 회원
E-mail : mamy386@hanmail.net

지구촌에서의 나무의 헌신

윤재천

자연은 자신감에 찬 모습으로 우주를 향해 무한한 신뢰에서 비롯된 경하敬賀의 찬가를 부르고 있다. 나무가 무리를 지어 촌락을 형성한 숲에 서서 바라보고 있으면 엄숙한 분위기에 동화되어 감동한다.

인간은 누구나 한순간 잠시 그런 모습을 할 수 있다 해도 일생을 그렇게 흩어짐 없이 마지막 생의 에너지까지 소진하며 그 자리에서 이웃을 위한 거름으로 흙이 되어 돌아가기란 쉽지 않다. 그를 모두의 스승의 반열에 올려놓는다 해도 분에 넘치는 대우가 아니다.

나무는 사람 앞에 군림하려고 하지 않고 평생 수도자처럼 살기에 숲은 나무의 성전聖殿과 다르지 않다. 사람도 한때는 그런 삶을 살았지만, '현대'라는 시간대 속의 인간은 숲을 그런 존재로 유추類推해 성스러운 상상을 하기보다 경제성을 따진다. 등치나 재질의 단단함 여부에 따라 소용과 효용을 판단해 제재製材하여 값을 매겨 거래한다.

인간이 펼치는 탐욕이 어느 정도의 극에 달해 있는가는 말할 필요 없이 그 파괴상이 대변해 준다.

나무가 청청할 수 있는 것은 애써 소유하려고 하지 않고 모든 걸 내주려고 태어나 처음의 의지대로 평생을 살기 때문이다. 연둣빛 향기와 화사한 꽃으로, 진초록의 위엄과 붉게 물든 체념으로 나무는 자신이 가진 모든 것을 기꺼이 남을 위해 세상에 내놓는 희생의 실천자이자 그 주체主體이고 모후母后이다.

신神도 나무에게만은 어떤 제재制裁도 가하지 않고 혈육의 몸처럼 아낀다. 자신을 상대의 뜻에 내주는 나무의 천성에 감동해서다. 이런 나무에게 눈빛 한번 흔들리지 않고 톱이나 거대한 장비로 밀어버리는 횡포를 서슴지 않는 것은 사람밖에 없다. 때로 신은 경악한 나머지 하늘을 깜깜하게 물들여 아무것도 보이지 않게 휘장揮帳을 치기도 하고 번개와 천둥을 내보내 인간의 무엄함을 꾸짖지만, 잠시 인간은 근신하는 듯하다 더 파괴력이 강한 무기 기계를 동원해 나무와 숲을 황폐화시킨다.

사랑의 부재不在가 문명의 병폐를 자행하고 있다. 사랑은 누구나 할 수 있는 것이 아니고 진정한 사랑을 받아본 자만이 할 수 있는 것이라, 결국 상속된 죄악이 자연을 폐허로 몰고 간다. 신의 지극한 사랑을 받아본 나무는 이미 길든 사랑을 실천할 줄 안다. 지상의 생명체에게 큰 변이 있으면 어떠한 수단을 동원해 귀띔을 해주고, 대처하지 않으면 스스로 자기 몸의 한쪽을 부러뜨려 불행한 사태에 대비토록 배려한다.

하지만 사람은 남의 물건에 손을 대 제 것으로 만들고 남의 몸에 상해를 입히거나 상대의 목숨을 잃게도 한다. 인간의 잔인성은 도를 넘고 치유할 수 없을 정도로 변해간다. 그러나 나무는 우주의 뜻을 전하는 전달자의 모습을 드러내 사람을 위한 구출작업을 계속 포기하지 않는다.

상상만으로도 끔찍한 일이지만, 지구촌에 나무가 사라져

숲과 나무 한 그루 없이 모습을 감춰 사막화되면 인류는 지구라는 이름의 행성을 지옥처럼 여겨 단 하루도 살기 어렵게 된다. '자연' 은 나무가 자라고 이것이 집성촌을 이루어 조성된 숲을 말하는 것이라고 해도 지나치지 않다.

사람이 나무를 심어 조성한 것이 아니라 인류가 나무 사이를 비집고 들어와 그들의 덕에 사는 존재라고 해야 옳다. 우리는 그동안 주객이 전도된 삶을 살아오는 동안 무엇이 근원이고 그 안에 기생寄生하는 무리인지를 잊고 산다. 인류가 지구의 주인이고 관리자라는 생각은 아전인수 격 해석에 불과하다. 주인은 자기 소유의 땅을 황폐화시키는 잘못을 저지르지 않는다. 그 이유는 오직 하나 '주인' 이기 때문이다.

흩어짐 없이 마지막 생의 에너지까지
소진하며 그 자리에서 이웃을 위한
거름으로 흙이 되어 돌아가기란 쉽지 않다.

윤재천

중앙대학교 대학원 졸업, 1969년「현대문학」등단, 중앙대 교수, 문협 이사, 펜 이사, 한국수필문학 회장, 중앙문인 회장, 수필가협회 이사, 현대수필문학 회장, 한국수필문학상, 노산문학상 수상, 현「현대수필」발행인, 저서 : 『수필문학론』, 『수필작품론』, 『현대수필작가론』, 『여류수필작가론』, 『여류수필작품론』, 『수필문학 산책』, 『운정의 수필론』, 『명수필 바로알기』, 『윤재천 수필문학전집』 외 다수

휴양림엔 나무가 있다

음춘야

뽀얀 안개가 산허리에 걸려 있다. 상큼하고 달달한 아침 공기가 뺨을 스치고 저만치 우람한 나무들이 실루엣 되어 다가온다. 미끈한 두리기둥의 나무들과 울울창창한 숲은 범할 수 없는 위의威儀를 갖추고 있는데, 산책로 옆 산수국과 애기 원추리는 수줍은 듯 다소곳하다. 가까이 다가가 속삭인다. 어젯밤 밤새도록 여인네들 웃음소리에 제대로 잠이나 잤느냐고. 방금 몽우리를 터트린 듯 보라색 도라지꽃 한 송이가 씽긋 웃는다. 그 존재감이 단연 도드라진다.

'제11회 수필의 날' 을 맞아 강릉시청 대강당에서 세미나를 마치고 국립 대관령자연휴양림 숲속의 집 '곰돌이' 에서 하룻밤을 지새운 것이다. 이곳은 1988년 우리나라에서 처음 조성된 자연휴양림이다. 계곡의 맑은 물과 기암괴석이 빚어내는 비경에 크고 작은 폭포까지 더해져 발길 닿는 곳마다 감탄사가 절로 나온다. 수령 200~300년 이상의 소나무 및 참나무 종류가 주종을 이루고 특히 1920년대 씨를 뿌려 조성된 최초의 '금강송 숲' 은 학술적 가치가 높다고 전해진다. 2007년 광화문 복원에 쓰인 금강송도 이 휴양림 인근 숲에서 찾았다고 한다. 그런 연유인지, 숙소 근처에 군락을 이룬 아름드리 금강송도 그 생김새가 빼어나고 늠름한 기상이 하늘을 찌를 듯하다. 대자연 앞에서 인간의 존재가 얼마나 미미한가를 다시 한 번 생각하게 한다. 오래오래 마음속 깊이 숨겨두고 싶은 자연의 경이로움이다.

재건축된 우리 아파트 정원에도 자그마한 계류溪流가 흐르고 이식된 소나무들이 무려 100여 그루나 된다. 주로 육송과 적송이다. 족히 수십 년 된 나무들이다. 밑동은 옛날 기와 집 대들보보다 굵고 키는 아파트 8~9층을 넘을 듯하다. 4층인 우리 집 거실에 앉아 있으면 적송의 중간 둥치가 마치 사진작가의 작품처럼 클로즈업 된다. 휴양림에서 본 금강송은 아니라도 그들과 마주하고 있으면 울적했던 마음도 시나브로 가라앉는다, 더구나 비 오는 날, 물안개라도 자욱하면 건너편 아파트도 보일 듯 말 듯, 깊은 산속이 예 아닌가 싶을 정도다. 넋 없이 그들을 바라보고 있으면 나도 모르게 물아일체의 경지가 된다.

소나무, 벚나무, 화살나무 등 크고 작은 나무들이 한데 어우러져 숲을 이루고 나름대로 제 말을 건넨다. 그들의 말은 마음으로 바라보아야 한다. 그리고 오래 기다려야 한다. 아기의 몸짓과 옹알이를 닮았다고나 할까. 비록 아기 엄마가 그 옹알이를 다 읽지 못한다 해도 거기에 담긴 뜻은 오묘하고 무한하다. 나무들도 그렇다. 사람의 언어로 표현되지 않는 생명의 노래이며 바라보는 사람에게만 스치는 이야기다. 순수한 영혼의 교감이요, 설렘이다.

나무의 삶은 대체로 자족적이다. 햇빛과 바람, 때때로 비 뿌려주면 생명의 신비함은 연연히 이어진다. 혼자서 수분을 흡수하고 햇빛을 취하여 줄기를 키우고 잎을 펼치며 열매를 맺는다. 이것은 그 고유의 생명의 실현과정일 뿐만 아니라 그 자체가 이미 이웃에 대한 사랑의 표현이기도 하다. 나무의 잎들이 무성해지면 새들은 스스로 나무를 찾는다. 그리고 그 무성한 잎들 속에서 그들의 노래가 깃들인다.

아파트 앞 울창한 숲속에서도 까치와 참새, 직박구리들이 수시로 날아들며 낭자한 노랫소리를 뽐내곤 한다. 나무와 새들이 어우러져 하나의 삶을 영유한다. 새가 깃들이지 않는 나무를 생각할 수 없듯이 깃들일 나무가 없는 새의 삶도 생각할 수 없다. 그것은 나무가 곧 새들의 자유와 사랑 그리고 새로운 비상의 터전이 되어주기 때문이다. 사람도 다르지 않다.

수필가 정목일 씨는 '산림과 인간'에서 이렇게 갈파했다. 숲에서 얻는 인간의 혜택은 물질적, 환경적, 문화 휴양적인 혜택으로 나눌 수 있다. 이런 혜택은 숲이 지니는 기능이고 효용가치다. 특히 한국인은 산정기를 타고 태어나 죽으면 산에 묻히는 까닭으로 산은 태생지요, 돌아가야 할 회귀처가 아닐 수 없다. 산이 곧 고향인 것이다. 전국토의 65%를 차지하는 우리나라의 경우는 어디서나 산과 접할 수 있는 환경이다. 한국인의 마음속에는 청산이라는 이상향이 숨쉬고 있다는 것이다.

아파트 정원이 제아무리 잘 조성된 숲이라 해도 어찌 천혜의 풍광을 간직한 대관령자연휴양림에 비할 수 있겠는가.

여름은 여름대로 겨울은 겨울대로 계절 따라 변화무쌍한 휴양림의 숲이 그곳을 찾는 객들을 맞으며 늘 그 자리에서 한결같기를.

뽀얀 안개가 산허리에 걸려 있다.
저만 우람한 나무들이 실루엣 되어 다가온다.
가까이 다가가 속삭인다.
늘 그 자리에서 한결같기를.

음춘야

「수필문학」 천료로 등단, 한국수필문학가협회 이사, 수필문학추천작가회 이사, 서울 강남문인협회 이사, 한국문인협회, 운현수필동인회 회원, 학여울문학회 회장 역임, 저서 : 『외다리 안경』, 『 해담뜰』

그 자리 그대로 영원하길

이남수

"떡 하나 주면 안 잡아먹지, 어흥."

어디선가 동화 속의 호랑이가 튀어나올 법한 아흔아홉 고개를 굽이굽이 넘어가는 곳 대관령 위에 있다. 한 고개 넘을 때마다 그곳에 숨겨진 이야기가 튀어나와 이야기보따리를 풀어헤칠 것 같다. 칠흑같은 어둠 속이라 으스스한 이야기가 펼쳐

질 것 같아 잔뜩 긴장한 채 한 고개 한 고개를 넘었다. 제발 해피엔딩이기를 기도하며 손에 땀을 쥐었다.

드디어 우리는 어둠을 헤치며 힘겹게 도착해 '너구리' 란 숙소에 손님으로 드러누웠다. 캄캄한 밤하늘을 올려다보니 별이 보인다. 숨소리조차 들리지 않는 고요가 맴돌았다. 작년에 떨어진 낙엽이 비에 젖어 나는 냄새는 꼭 고향 냄새다. 코를 창밖에 대고 마음껏 들여 마셨다. 내 안에 그 향기를 가득 채우고 나도 고향 냄새가 나는 사람이 되고 싶었다. 대관령의 공기를 채우고 있는 한 나도 고향처럼 그리운 사람이 될 수 있을까?

며칠째 계속되던 장마가 잠시 숨 고르는 사이 단잠을 자고 일어나니 하늘 아래 천당이라는 말이 떠올랐다. 이른 아침 산책로를 걸었다. 길 양옆으로 서 있는 소나무가 품어 내는 향기는 그리운 어머니의 속살 내음이었다. 작은 새들의 지저귐은 마치 어머니의 심장 박동과도 같았다. 나는 아늑한 어머니의 품에서 잠을 깨듯 기지개를 펴고 새로운 하루를 향해 걸었다.

이 곳 휴양림 숲은 우리를 '어서 오라' 손짓하며 반가워한다. 그 아름다움에 매료되어 한 발 한 발 더 깊숙이 내딛게 되었다. '너구리, 다람쥐, 족제비' 란 이름을 한 집 속에서 머문 사람들은 이집 저집 바쁘게 마실 다니는 동물들처럼 아무런 욕심이 없어 행복해 보인다.

숲속의 소리는 시간만큼이나 여유롭다. 그래서 더욱 나의 심금을 울린다. 도시에서 흔히 듣는 매미소리는 바쁘게 살아가는 사람과 똑 같다. 막 악을 쓰며 울어댄다. 얼마 남지 않은 생에 대한 애착을 보이는 것 같아 애처롭다. 도시 속의 매미도, 대관령의 새들도 자신의 삶을 선택해서 태어나지는 않았을 것이다. 하지만 자신의 삶에 순명하며 살아가다 생을 마치는 것이 순리이듯 우리네 삶도 마찬가지란 생각이 든다. 각양각색의 모습으로 각기 다른 환경에서 태어나 자신의 삶을 살아낸다. 가끔씩 다른 이의 삶을 곁눈질하기도 하지만 그래도 각자의 자리를 지킨다. 이렇게 모든 만물이 서로 조화를 이룰 때 세상은 아름답다. 온 세상이 대관령의 아름다운 새소리로만 가득하다면 우린 그 소리를 아름답다고 느끼지 못할 것이다. 시끄러운 도시의 소리가 있기에 우린 이 고요한 숲으로의 일탈을 소중하게 생각할 것이다.

자연의 황홀함을 오랫동안 움켜쥐고 대관령 고갯마루에 올라섰다. 시야가 탁 트여 푸른 바다가 내려다보이고 굽이굽이 감춰진 위력은 도시 강릉을 보듬고 있다. 이곳 고개에서 신사임당도 두고 떠나는 어머님 생각에 발길을 돌릴 수 없어 어머니가 계신 친정을 향하여 '그리운 어머니' 시 한수로 마음을 달래셨다. 이렇듯 수많은 사람이 각자의 사연을 안고 넘었을 대관령과 말없이 잔잔히 흐르는 동해 바다는 어머님을 만나는 듯 반갑다. 대관령의 아름다운 휴양림은 바쁜 일상에 지친 우리에게 영양제 같은 편안함을 아낌없이 내어주고 있다. 천재지변도 비켜가는 이곳 대관령이 오래도록 그 자리 그대로 영원하길 바란다.

길 양옆으로 서 있는 소나무가 품어내는 향기는 그리운 어머니의 속 살 내음이었다.

이남수

「한국수필」 신인상 당선 등단, 한국수필가협회, 미래수필문학회, mbc아카데미 롯데수필문학회 회원

숲정이에서 하룻밤

이영숙(채홍)

여름이 무르익어가는 칠월, 수필문학에 뜻있는 사람들 사백여 명이 한자리에 모였다. 그것도 도심의 사람들이 숲을 이루는 편리한 장소가 아닌 문향의 고장 강릉에서다. 시내버스의 발길이 많지 않아 매연이 없는 한적한 숲속 도시에서다. 강릉은 어감부터가 정겹다. 그렇게 넓지 않은 도란도란한 땅은 안정감이 있고, 너른 동해바다를 끼고 있어서 해맑게 불어오는 바람이 싱그러웠다. 그리고 둘레엔 눈요깃거리가 여럿 있었다. 사모정思母亭공원과 오죽헌, 선교장 박물관등.

사모정공원은 강릉의 효의 고장을 알리는 더 없는 문화 공간이다. 권 혁승, 언론인이자 백교 문학회 회장은 젊은이들의 효를 깨우치는 교육의 장으로 활용토록 건립하여 강릉시에 헌정하여 명승지가 되었다. '고향길' 이라는 권회장의 시비와 극작가인 신봉승님의 '어머니' 시비와 수필가 지연희님의 '아버지' 가 오석에 새겨져 나란히 서있다. 신사임당과 이율곡 선생이 태어난 곳이 가까이에 있어서 더 보배로웠다. 오죽헌은, 죽헌동 201번지의 율곡 이이 선생의 생가다. 울타리로 검은 줄기의 대나무가 다시 봐도 인상적이다.

바깥 잔디 뜰엔 겨레의 어머니인 사임당신씨의 동상이 단아하게 책을 펼쳐들고 앉아 있는 모습을 재현해 놓았다. 사임당 신씨는 뛰어난 여류 예술가이자 현모양처였다. 신씨의 아드님이신 율곡 이이는 조선시대 퇴계 이황과 쌍벽을 이루던 훌륭한 학자였다. 그곳에서 가장 인상 깊었던 것은 뜰의 배롱나무다. 율곡 선생 당시에도 있던 나무로 수령 600년이나 된다하니 무상한 세월을 목 백일홍木百日紅은 견디고 있었다.

선교장 박물관은 한국 최고의 전통가옥으로 국가지정문화재 중요 민속자료 제5호로 지정되어있다. 해와 달과 별이 있는 당신의 고향 같은 옛 이야기가 있는 집이 강릉의 선교장 박물관이다. 우리나라 전통 가옥으로 각종 드라마, 영화의 촬영지가 되었다. 문화를 계승하고 나누고 공유하는 요람지, 문화를 전파하고 창조하는 그곳은 나의 선대先代가 소유하고 사는 곳이다.

관장인 이강백 할아버님은 효령대군 18세손으로 600년을 대대로 이어 살고있다. 그리 훌륭한 민가를 이제는 강릉시에서 지원하고 관리하여 더 많은 관광객들에게 보여 지는 곳이 됐다. 이래저래 강릉은 내가 오래전부터 살았던 것처럼 익숙한 곳이다. kbs 1박2일 팀이 한식이불을 덮고 묵어 간 숙소로도 유명하다. 한옥 체험마을로 전환되어 누구라도 편안히 하룻밤 묵어갈 수 있는 명소라서 가슴 뿌듯하다. 우리 사백명의 수필가 일행들은 강릉시청에 모여 수필 문학을 발전 시켜 보자고 '수필의 날' 을 기념키 위해 운집했다.

숙소인 대관령휴양림으로 들어가는 길은 참으로 비좁은 비포장도로였다. 관광차로 들어가도 들어가도 푸른 숲만 빼곡했다. 숲정이에서 하룻밤 유하고 아침에 일어나니 몸이 날아갈 듯 가뿐했다. 밤 내내 숲속 통나무집에서 뿜어져 나온 피톤치드의 덕이었으리라. 식전 산책길은 안개 속에서 신선이 곧 내려오기라도 할 것 같이 신비로 왔다. 숲속 아침 안개는 압권이었다. 도심에서 맞던 안개와는 너무나 많은 차이가 있었다. 땅따리 보랏빛 산수국 꽃 위로 실비처럼 녹아내리는 안개비는 해가 머리 위를 비추니 서서히 걷혔다.

나무들이 저절로 자라서 울창한 숲이 크고 작은 나무들의 구성은 사람에게 많은 이로움만 주고 있다. 숲의 푸른색은 평화와 안전, 그리고 젊음을 상징하는 색깔로 받아들여지고 있다. 또한 숲속에는 수많은 생명들이 살고 있다.

나무와 풀 온갖 새들, 산짐승, 미생물, 버섯, 산나물들은 생산자와 소비자가 되어 각각의 역할을 담당하여 공생공존하고 있다. 끊임없이 이어가는 순환의 고리가 이루어져 조화롭게 살아가고 있다. 이런 사슬을 두고 우리는 생태계라 부르고 있다. 숲의 생태계는 가꾸고 아껴주면 좋아하며 사람들에게 끝없이 깨끗한 공기와 맑은 물 또한 집 지을 재목과 먹을 것들을 만들어 주지만 자르거나 파헤친다면 몸살을 앓다 죽는 커다란 생명체인 것이다. 지난번 폭우 때 서울 우면 산허리가 동강나 와르르 무너지며 아파트를 덮치고, 단독주택에 살던 사람들이 토사에 밀려 무너지고 죽는 일이 벌어졌다.

산허리를 동강낸 건설 현장의 부주의는 많은 인명사고를

내고 말았다. "숲속이 허물어 쓰러지면 땅은 사막보다 더 몹쓸 불모지로 변하고 만다."그래서 나무를 잘 받들면 우리에게 돌아오는 게 많다. 공기를 정화시켜 산소를 공급해 주고 습도 조절과 향기를 반환해준다. 나무는 먼지나 세균을 없애주고 이로운 작용을 한다. 심폐기능을 향상시키고 엔돌핀을 생성해준다. 특히나 침엽수의 많은 피톤치드 성분은 소독제와 같은 살균제 역할을 한다. 솔향 가득한 강릉의 대관령휴양림에서 하룻밤을 지냈던 것은 또 다른 행복한 내일을 충전할 수 있는 사랑의 배터리다.

나무와 풀 온갖 새들, 산짐승, 미생물,
버섯, 산나물들

또 다른 행복한 내일을 충전할 수 있는
사랑의 배터리.

이영숙

충남홍성 출생, 안양대학교 사회교육원 문예창작과 이수, 「현대수필」 등단, 한국문인협회, 한국불교문인협회, 현대수필문인회, 청다문학회, 한국수필가협회, 한국저작권협회, 안양문인협회, 안양여성문인회 회원. 안양관악백일장 심사위원, 저서 : 『행복의 바이러스』, 『바람이 다니던 길』, E-mail : lys51@hanmail.net

살구나무를 보면

임병식

내게 있어 살구나무는 추억의 나무이다. 예전에 흔하던 게 귀해져서가 아니라 바라보면 유년의 기억을 많이 떠올리게 해주어서다. 시큼한 맛만큼이나 추억을 자극한다고나 할까. 강력한 향수를 불러일으키는 것이다. 그런데는 마치 집에서 기르던 토종개가 세월이 흘러도 그리워지는 것처럼 가까이 있어서 친근감이 든 때문인지도 모른다.

내가 자주 찾는 산책로 어느 지점에는 몸피가 우람한 살구나무가 두 그루 서 있다. 각기 100미터쯤 떨어져서 위치하는데 뻗어나온 가지가 둘 다 인도 위를 덮고 있지만 그렇다고 가로수로 심어진 건 아니다. 집안 담장쪽에 바짝 붙어 있어서 그리 보이지만, 실은 집주인이 마당 안으로 햇볕을 많이 들이기 위해 일부로 가지가 밖으로 뻗도록 해둔 것이다.

그렇게 뻗어 나온 가지는 인도 위를 차일처럼 덮고 있다. 겨울 한철은 앙상한 우산살 같은 가지만을 늘어뜨리고 있다가 봄부터 가을까지는 무성한 이파리를 달아서 제법 비를 피할 만하다. 올봄, 나는 이 살구나무가 다투어 피워내는 꽃 대궐 속에서 한동안 취해 지냈다. 마치 화관을 쓴 듯 화려한 진분홍의 향연이 환상적이었던 것이다. 한동안 그곳으로 발걸음이 이끌렸던 건 순전히 이 살구꽃의 유혹 때문이었다.

어릴 적 고향 마을에는 살구나무가 한집 건너 한나무씩은 있었다. 이런 살구나무는 맑은 소리를 품고 산다. 가령, 오동나무가 그윽한 곡조를 품는다면 살구나무는 그야말로 청아한 음향이 매력이다. 이 나무가 목탁의 소재가 되고 있는 것은 우연한 일이 아니다. 소리가 통통 튀지 않고 차지고 묵중하여 일찍이 불구佛具로 애용해 왔던 것이다.

목탁의 유래는 목어에서 비롯되었다고 한다. 눈뜬 물고기를 깨우친다는 뜻으로 목탁을 치게 됐다는 것이다. 목탁은 살구나무 중에서도 뿌리를 그 재료로 쓴다. 그런 데는 무엇보다 목질이 단단하고 황갈색을 띠어 물을 들일 필요가 없고, 두드려도 반발력이 크지 않을 뿐 아니라 터지거나 갈라지지 않기 때문이다. 그런 탄력성 때문에 사람들은 이 살구나무를 켜서 다듬이대로 만들어 썼다. 이것을 만들려면 먼저 베어 온 나무를 3년쯤 연못에 담가 두게 된다. 그러면 적당한 습도를 머금고 있어 옷감이 상하지 않고 다듬어지는 것이다.

살구나무가 이즘 꽃이 지고 그 자리에는 콩알 크기의 열매가 달려 있다. 그렇지만 이것은 잠시일 뿐이고 미구에는 훨씬 커져서 탐스러운 모양을 드러내게 될 것이다. 모든 꽃은 필 때도 아름답지만 질 때도 아름답다. 특히 바람이 불어 흐드러지게 핀 살구꽃이 져내리는 전경은 이만저만 운치가 있는 게 아니다. 떨어진 꽃잎이 어깨 위나 머리 위에 내려앉은 모습을 보면 사람의 심성이야 어쩔지라도 순진무구한 모습으로 변한다. 그런 가운데서도 는개 자욱한 속에 피어난 살구꽃 아래를 걷는 기분은 또 다른 멋이다. 바람이 스적스적 불어와 꽃잎이 난분분하게 흩어져서 손등과 발등을 덮으면, 기분은 어느새 타임머신을 타고 동심으로 빠져든다.

언제 적 일이던가. 고향 집 가까이에는 이웃집 늙은 살구나무가 우리 논을 향해 기우뚱하게 서 있었다. 그 울을 넘어온 가지에는 노랗게 익은 열매가 많이 열렸는데, 무논으로 많이 낙과가 되었다. 그것은 모두 내 차지가 되었다. 그러나 나는 결코 혼자서는 주워 나르지 않았다. 애초에 혼자 먹을 생각도 없었지만 줍는 일도 여간 만만하지 않았던 것이다. 살구 열매를 먹을 수 있는 때는 대략 7월 초가 되는데, 그때는 심어놓은 벼도 어느 정도 자라서 열매가 벼 포기 사이에 묻혀버리면 찾아내기가 어려웠다. 익은 열매는 빛깔이 황등색으로 푸른 벼와는 대비가 되지만 벼 포기가 무성해 잘 보이지 않았던 것이다. 거기다가 어떤 것은 물속에 가라앉아 있기도 해서 친구들의 손길이 필요했다.

그 시절, 그것을 한입 베어 물면 시디신 맛이 오만상을 찌푸리게 만들던 기억이 새롭다. 그러면서 생각만으로도 입안에 침이 고인다. 그런 사실을 전에 나폴레옹도 알았던가. 이런 이야기가 전해온다. 알프스를 넘을 때 병사들이 먹을 물이 부족하여 힘겨워 하자 '저 너머에 살구나무가 있다.' 라고 외쳐서 위기를 넘겼다는 것이다. 그리고 또 하나는 조조와 관련된 일화가 전해온다. 조조는 집안에다 살구나무를 심어놓고 즐겨 따먹었단다. 그런데 어느 핸가는 따먹을 것이 없었다. 누가 미리 서리를 해버렸기 때문이었다. 이에 그는 누구의 소행인지를 알아내기 위해 슬쩍 말을 던졌다.

"저 살구나무를 베어버려야겠다." 그러자 아들이 가로막고 나섰다. 그런데 또 한 사람인 집사가 거들고 나섰다. "왜 맛좋은 살구나무를 베시려고 하십니까." "어찌 네가 맛있는 줄을 아느냐." 이렇게 해서 손을 댄 사람을 찾아냈다는 이야기다. 잘 익은 살구는 속살이 부드러우면서도 달콤하다. 그렇지만 신맛이 도는 것은 어쩔 수가 없다. 잘 익어 속에서 씨가 돌아도 신맛은 여전하다. 그게 특성이다. 또한 씨는 호도처럼 생겼다. 그렇지만 호도는 그것을 깨뜨려 먹을 수 있지만 살구씨는 먹을 수 없다. 다만 특별한 약재로 쓰일 뿐이다.

고향의 살구나무들은 어느 해 일시에 사라져 버렸다. 집안에 복숭아나무와 함께 이 살구나무가 있으면 귀신이 든다는 소문이 나돈 후 부터였다. 누가 퍼뜨린 악성 유언비어인지는 몰라도 그 위력은 대단했다. 다투어 베어버려서 지금은 고향 마을에 살구나무가 한 그루도 없다.

오늘 나는 고향과는 멀리 떨어진 곳이지만 산책을 하면서 물끄러미 살구나무 열매를 바라보며 고향의 옛동무들을 떠올린다. 어울려 다녔던 소꿉친구는 네 명. 그중 두 명은 벌써 고인이 되어 버렸다. 살구열매는 작지만 바라만 보아도 이가 시려 온다. 하지만, 먼 길을 떠나버린 친구들은 가버린 길이 멀어선지 뚜렷하게 모습이 어려오지는 않는다. 그렇지만 시디신 풋살구를 한입 베어 물고 서로 바라보며 소스라쳐서 누런 이를 드러내고 웃던 모습들은 잊을 수가 없다.

살구나무는 맑은 소리를 품고 산다.

시디신 풋살구를 한입 베어 물고
서로 바라보며 소스라쳐서 누런 이를
드러내고 웃던 모습들은 잊을 수가 없다.

임병식

1989년 「한국수필」 천료, 한국수필가협회 회원, 한국수필가협회 공영이사, 수필계간지 「수필계」 주간, 한국문인협회 여수지부장, 한국수필작가회 회장 역임, 학원문학상 입상, 한국수필문학상, 한국문화예술위원회 창작지원금 수혜, 저서 : 수필집 『지난세월 한허리를』, 『인형에 절 받고』, 『동심으로 산다면』, 『당신들의 사는 법』, 『방패연』, 『아름다운 인연』, 수필이론집 『막 쓰는 수필 잘 쓰는 수필』

대관령의 소나무

장정식

전국의 수필가들이 한자리에 모여 수필의 질적 향상을 위한 세미나의 연차年次 행사가 '강릉'에서 있었던 것은 생각보다 큰 수확이었다. 통상 서울에서 이루어지던 수필가 모임이 지방에서 개최된 것은 올해가 세번째이다. 지방이기 때문에 교통상의 어려움 등으로 참가회원의 수가 다소 감소된 면도 있었다. 그러나 여느 지방 집회와 비교하여 유례없는 대성황을 이루었다.

강릉 하면 구절양장의 대관령을 넘는다는 험산 준령이 뇌리에 인각되어 있는 곳이다. 그런 험로險路가 쾌적한 평지의 터널로 올곧게 이어진 4차선 고속도로로 달려갈 수 있음은 국가 발전의 후련한 격세지감隔世之感이다. 그러나 한편으론 대관령의 준령을 넘나들기에 굽이굽이 고갯길을 올라 영봉에 이르렀을 때, 장쾌한 스릴의 옛추억을 맛보지 못한 아쉬움이 안개처럼 온몸을 휘감는다. 대관령 영마루에서 일망무제로 트인 강릉을 조망하며 쾌재를 부를 때나 대관령 아래의 지척을 가릴 수 없을 만큼 운무에 휩싸인 기분을 느낄 수 있었던, 그것이 이젠 억겁의 세월 속으로 사라진 추억이다.

전국의 원근 각지에서 몰려온 수필가들 누구나가 강릉의 수려한 풍광명미風光明媚의 친환경에 탐닉하여 한결같은 탄상의 입을 모았다. 다양한 문화유산을 간직한 강릉은 유독 고전문학의 향기가 끝없이 피어나는 아름다움에 취할 만큼 포근한 마음을 갖게 한다. 이처럼 다양한 문화유산은 우리들 문학인들에게 고전문학을 수학하는데 학습의 현장감을 깊숙이 맛보게 했다.

행사 시간의 제약 때문에 이곳의 다양한 문화유적지를

다 돌아볼 수 없는 형편이었다. 다만 문학인으로서 지나칠 수 없는 곳만, 세미나 시작전의 여백을 이용하여 몇 곳에 들렀다.

모자 신사임당과 이율곡과 함께 화폐에 들어가는 인물의 터전인 오죽헌이다. 신사임당과 그의 아들 율곡이 태어난 율곡기념관에 전시된 신사임당 작품을 감상했다. 여기서 조선 4대 명필의 한 사람인 한석봉에까지 서풍書風의 영향을 끼쳤다는 신사임당의 초서 병풍에서는 과연 겨레의 어머니인 그의 향기를 흔감했다.

허균과 허난설헌의 기념공원이다. 허균은 '지성인으로서 용감성 있는 이데올로기적 시대 개혁성을 부각한 원의가 공히 도사리고 있는' 그의 소설 홍길동전의 작가임을 잘 알고 있는 바이지만, 허난설헌에 대한 것은 허균만큼 알고 있는 바가 소원했거늘, 이번 기회에 난설헌을 더 자세히 접근하게 된 계기가 되었다. 여기서 나는『허난설헌의 삶의 환경과 문학정신 이해』라는 책 한권을 사들었다.

수필의 날 행사와 세미나장이 된 강릉시청 대회의실은 쾌적하고 산뜻해서 좋았다. 기념행사와 문학강연 등 일정에 따라 차질 없이 진행된 공식행사가 끝난 후 17층 구내식당 뷔페식에서의 저녁 만찬은 뇌리에 남은 인상이다.

만찬장에서 사방을 조망하여 강릉의 시가와 자연을 한눈

에 볼 수 있는 쾌적하고 아름다운 바깥 경관은 열없이 터져나온 탄성을 억누를 수가 없었다. 아름다운 경관에 홀린 유쾌한 기분은 식욕을 돋구는 감식의 입맛을 불러왔다. 사방이 환하게 트인 강릉시, 유별난 친환경의 전경이, 원근을 가릴 것 없이 손에 잡힐 듯 화려한 한 폭의 그림으로 다가왔다. 멀리 대관령쪽으로 바라보이는 첩첩이 늘어선 산들은 중국 계림의 촘촘한 산봉우리가 무색할 만큼 여유 만만한 절경의 동양화 그것이다.

만찬을 마치고 배정된 숙소를 향해 찾아든 곳이 국립대관령자연휴양림의 솔향이 짙게 풍기는 콘도다. 숲속의 그림처럼 알맞은 거리 간격으로 늘어선 콘도다. 외국 어느 숲속의 경관을 방불케 한 그림같은 별장처럼 아름다움에 끌리는 마음이다. 집회 장소에서 에어콘에 지친 몸이 숲속의 시원하고 신선한 공기에 심신이 재활하는 기분이다. 때마침 비온 뒤끝이라 소나무 사이사이로 어둠을 가르며 흐르는 계곡의 물 소리는 듣기만 하여도 명경지수明鏡止水의 청신함을 느끼게 한다. 콘도에 동숙할 각방의 회원들은 알맞은 수로 방방에 어우러졌다. 방마다 열린 문에 방충망으로 닫혀진 방에는 에어콘이 없는 친환경의 시원한 바람이 사통오달하여 숲속의 여름밤을 안면의 선경으로 이끌어갔다. 음이온이 섞어나는 계곡의 물소리에 취한 깊은 잠은 아침이 되어서야 산뜻한 심신의 눈을 떴다.

솔고개 너머 숲속 수련장까지의 산책은 현장학습이 이루어진 학습장이 되었다. 생소하게 눈에 띈 야생화며 하늘을 찌를 듯 고공에 치솟는 우리의 금강송 소나무들, 이 탐스럽고 아름다운 50년~300년생의 아름드리 삼대같은 소나무들은 우리 민족의 긍지요 전통을 자랑하는 보물이라 되뇌인다. 꼬질꼬질 굽어 뒤틀어진 소나무들만이 우리 소나무라고 눈에 익은 편협한 나의 인식이 뒤바뀌는 계기가 된 것이다.

대관령의 저 힘지고 아름다운 금강송, 용재림의 가치가 없는 숲으로만 우거진 산지에 금강송을 씨뿌려, 값진 용재림의 아름다운 산으로 가꾸었으면 하는 간절한 소망이다.

멀리 대관령쪽으로 바라보이는 첩첩이
늘어선 산들은 중국 계림의 촘촘한
산봉우리가 무색할 만큼 여유 만만한
절경의 동양화 그것이다.

장정식

1994년 「한국수필」 등단, 한국문협 회원, 광주, 전남 문인협회 회원, 광주광역시동부 교육장, 광주수필문학회 회장 역임, 한국수필가협회 감사, 현 한국수필작가회 회장, 영호남수필 본상 수상, 저서 : 수필집 『묵은 의자의 변』, 『원로교사 k가 퇴직하던 날』, 『역사의 현장에서』

숲이라는 옷을 입고

전영구

주어진 삶에 활력을 불어 넣어줄 방법을 아는 이는 무척이나 현명한 사람일 것이다. 자신을 알고 컨트롤할 수 있다면 완벽한 일이겠지만 대부분의 사람들은 그 시점이나 방법을 알지 못해 힘겨워하고, 때로는 스스로 무너져 재기에 안간힘을 쏟는 우를 범하기도 한다. 요즈음 광고를 봐도 〈활력충전〉이라는 문구를 자주 보게 된다. 그만큼 현대를 살아가는 이들이 일상에 지쳐 살아가고 있다는 예가 될 것이다.

사람들은 많은 돈과 시간을 들여 운동에 시간을 보내고, 아니면 자기 취향에 맞게 쇼핑이나, 다른 여가를 찾아 자신을 다스리기에 여념이 없다. 그러나 조금만 더 시각을 달리한다면 가장 가까운 곳에서 돈과 시간과 공간이 주는 구속감에서 해방이 되는 아주 깜찍한 해결 방법을 찾을 수가 있다. 답은 바로 산림이 지어놓은 숲이라는 공간이다.

회색빛 콘크리트가 범람하는 도시에 살아도 웬만한 도시 외곽에는 숲이 형성된 푸른 공간이 있다. 내가 살고 있는 이 도시에도 가까이 광교산이라는 아주 아름다운 산이 있다. 주중에는 물론, 주말이 되면 형형색색의 등산복을 입은 도시인들이 숲을 찾아 일주일의 피로를 풀고는 한다. 청년시절 정말 겁이 없이 백두대간을 누비며, 저 산 밑에 조그마한 도시를 비웃듯 바라본 적이 있다. 산을 내려오면 올랐던 산봉우리를 바라보며 '너도 조금 전에는 내 발 밑에 있었다.' 하며 쓸데없는 자만에 차있던 철모르던 시절이다.

젊은 시절의 산행과는 달리 어느 정도의 나이가 되고 나서의 산을 바라보는 시선은 많은 차이를 보여주고 있다. 산새의 아름다움과 여유를 몰랐던 시절에는 그저 빨리, 높이 올라가는 게 목적이었다. 산을 내려와 하산 酒에 약간의 거짓이 가미된 무용담을 나누기에 급급했지만, 지금은 친구부부와 동행을 해, 사는 이야기를 나누고 있다. 나무들이 내뿜은 〈피톤치드〉를 실컷 들이키며 산행을 즐긴다. 그리고 하산을 하면 산 아래 식당에 들려 맛있게 비빈 보리밥에 아내가 먹여주는 고추 한입으로 행복을 느끼고 있다.

얼마 전 TV를 통해 우리나라 등산 패션을 꼬집는 프로를 본적이 있다. 누구를 꼬집는다는 것 보다는 그래도 자신의 행복을 추구하기 위해 투자를 하는 것이라 생각이 되어 나는 별 동조는 안했다. 요즘 가끔 산행을 하면서 한 가지 안타까운 점은, 산을 찾는 대부분의 여성분들이 착용하는 이중, 삼중으로 된 마스크가 거슬린다. 마치 원자로 연구원을 연상시키듯 싸맨 마스크 때문에 어느 때는 상대가 인사를 해도 모르는 해프닝도 있지만, 산이 주는 이 좋은 공기를 왜 그렇게 걸러 마시는지 하는 점이다.

산이, 숲이 주는 자연영양제 피톤치드는 〈식물이 분비하는 살균 물질〉이라고 하는데 이 좋은 물질을 스스로 거부하는 점이 안타까운 것이다. 언제부터인가 우리는 건강이라는 단어를 입에 달고 산다. 주로 녹색 식물을 섭취하고 심리적 안정을 취한다는 웰빙족이라는 신조어를 탄생시킬 만큼 건강에 대한 심리적 불안감을 스스로 느끼며 산다. 많은 돈을 투자해 건강보조 식품에 의지하고 있는 것도 사실이다. 그러나 우리가 사는 가장 가까운 곳에 자연건강원이 있다는 사실을 까마득히 잊고 살기 때문에 더한 초조함에 자신을 몰아넣고 있는 것이다.

숲이라는 옷을 갈아입고 맑은 공기와 음이온 피톤치드로 이어지는 자신감 넘치는 건강을 찾아야 한다. 쇠약해진 심적 치료를 무한정으로 할 수 있는 최고의 자연식 건강원은 바로 산림이 주는, 숲이 주는 보너스임을 우리는 알아야할 것이다.

쇠약해진 심적 치료를 무한정으로
할 수 있는 최고의 자연식 건강원은
바로 산림이 주는,
숲이 주는 보너스임을 우리는
알아야할 것이다.

전영구

충남 아산 출생, 「문학시대」 시 부문 신인상 당선 등단, 국제펜한국본부, 한국수필가협회, 가톨릭문인회, 경기시인협회 회원, 한국문인협회 권익옹호위원, 동남문학회 회장 역임, 문파문학회 편집국장 및 기획실장, 제2회 문파문학상, 제2회 동남문학상 수상, 저서 : 시집 『낯선 얼굴』 외 2권, 공저 『호수 건너 아파트 숲 작은 초가집』 외 다수

대관령 자연휴양림의 새벽

정목일

이른 새벽 무렵, 대관령 숲속에 간 것은 나무들에게 무척 미안한 일입니다. 소중한 새벽 명상을 깨우지나 않을지 모를 일입니다. 나도 이때만은 가만히 숲속의 한 소나무가 되어 새벽 명상에 잠기고 싶습니다.

소나무들, 그 하나씩의 편할 대로 취한 모습들이 안개 속에 희끄므레 수묵화水墨畵처럼 눈앞에 다가옵니다. 새벽에 만나는 광대한 수묵화 한 폭입니다. 나무들은 새벽안개에 잠겨 묵상想에 빠져 있습니다.

소나무들이 평생을 통해 취한 삶의 모습은 제 각각입니다. 하나도 똑 같은 나무가 없습니다. 구부정해 보이나 원만하고, 비스듬하지만 균형을 취하고, 옆의 나무들과 서로 온화하고 정답게 어울려 송림松林을 이루었습니다.

소나무들은 각기 다른 모양을 보이고 있지만 직선과 곡선을 자유자재로 드러내며 가장 부드럽고 온화한 모습을 보여줍니다. 산의 능선 같고, 강물의 유선流線 같고, 굽어진 논두렁 같고, 휘어진 활 같은 가지들이 공중으로 뻗어나가 눈에 거슬리지 않게 조화를 이룹니다.

일생으로 터득한 삶의 미학이 선線들로 형형히 드러납니다. 달관을 넘어 깨달음의 경지를 가진 소나무들이 한데 어울린 아름다움에 기가 막힐 노릇입니다. 실로 말하기조차 어렵습니다. 엄두가 나지 않고 어리둥절할 뿐입니다.

장마로 불어난 계곡의 물이 콸콸 가슴을 타고 흐릅니다. 산의 만년 명상을 우려내서 흘러갑니다. 내 발자국이 물소리의 선율에 방해가 되지 않을까 염려됩니다. 빗물들이 모여서 흘러가는 행진곡을 듣습니다. 나도 한 방울의 빗물이 되어 계곡을 타고 떠나면 여행길에 나서고 싶습니다. 대지를 적시며 뭇 생명체에게 다가가 젖줄이 돼주고 싶습니다. 물방울이 모여서 세상을 적시고 있습니다. 물줄기는 생명을 탄생시키고 기르는 어머니입니다. 나도 한 방울의 물이 되어 미지의 세계로 떠나고 싶습니다.

나는 안개의 장막 속에 있습니다. 안개는 부드럽고 서늘한 촉감의 넓은 그물망으로 숲을 휘감아 그 안의 시공을 물방울의 영역으로 만듭니다. 안개의 그물망 안에서 소나무들, 물소리, 안개의 미립자微粒子들, 나까지도 안개의 영감 속에 빠져버립니다. 완전히 자연의 일부가 됨을 느낍니다. 안개 속에 있습니다. 나도 허공에 풀풀 휘날리는 한 알의 안개 미립자입니다. 보이지 않지만 투명하고 맑은 의식의 미립자가 되어 풀꽃들의 꽃술이나 잎에 살며시 내려앉고 싶습니다.

국립 대관령자연휴양림엔 처음으로 와 하룻밤을 보냈습니다. 새벽 숲에 가보고 싶었습니다. 수령 50년에서 200여 년이 되는 소나무들이 우거진 우리나라 최초의 자연휴양림을 보고 싶었습니다. 아침을 맞는 숲의 명상……. 안개 미립자들이 내 머리카락과 옷과 살갗에 앉아 전하는 숲의 기도를 듣습니다. 아침 기도가 마음으로 젖어듭니다. 숲에 와서 이 세상 보이지 않는 미립자들의 맑은 말들이 노래로 흐르고 있음을 압니다.

숲은 토질과 기후와 생존조건에 따라 놀라운 적응력을 보여줍니다. 오묘하고 탄복할만한 삶의 지혜와 깨달음을 느낍니다. 바위 위에 뿌리를 내린 나무, 균형을 취하기 위해 지상으로 일부를 드러낸 밧줄 같은 뿌리들, 밀집된 공간에 서로 부대끼지 않고 자유로운 공간을 확보해 나간 기막힌 연출법과 미학에 놀랄 뿐입니다. 배려와 양보로 균형과 조화의 미를 획득한 삶의 방법에 경탄이 터져 나옵니다.

새벽 대관령휴양림에 와서 숲속 공기를 폐부 깊숙이 들여 마셔봅니다. 산의 만년 명상과 몇백 리를 흘러가 바다에 이를 계곡의 물과도 만납니다. 심호흡을 해봅니다. 때 묻고 먼지가 자욱한 영혼을 씻어내고 싶습니다. 숲의 정기로, 뾰족한 솔잎으로, 무딘 정서를 깨우고 싶습니다.

새벽 숲에는 맑음의 선율이 있습니다. 하루를 맞는 경건한 기도와 명상이 있습니다. 마음의 때를 씻어주는 정화의 물줄기가 있습니다. 깨끗하고 새로운 경이의 세계가 있습니다. 숲은 인간에게 말없이 삶의 의미와 지혜를 가르쳐 줍니다.

일생으로 터득한 삶의 미학이 선線들로
형형히 드러납니다.
달관을 넘어 깨달음의 경지를 가진
소나무들이 한데 어울린 아름다움에
기가 막힐 노릇입니다.

정목일

경남 진주 출생, 1975년 「월간문학」수필당선, 1976년 「현대문학」 수필 천료, 대표에세이 초대회장, 현대문학수필작가회 초대회장, 한국문인협회 부이사장, 저서 : 수필집 『별이 되어 풀꽃이 되어』, 『만나면서 떠나면서』, 『별보며 쓰는 편지』, 『깨어있는 자만이 숲을 볼 수 있다』, 『대금산조』, 『나의 해외문화 기행』, 『심금』, 『가을금관』, 『목향』 외

어명 받는 소나무

정철교

임금이 왕족이나 사대부가 죄인에게 사약을 내리면 금부도사는 교지를 휴대하고 지체 없이 말을 달려 당사자에게 달려가 "어명이오!"를 외친다. 금부도사를 맞아 의관을 갖추고 어명을 받은 죄인은 임금 계신 곳을 향해 마지막 예를 다해 사배를 올린 후 정중한 자세로 사약을 받들어 마시고 그 자리에서 생을 마감한다. 사약의 어명은 아무에게나 내리는 게 아니고 받을 만한 지체 높은 위치에 있어야 내려지며, 일단 어명이 내려지면 누구도 거역할 수 없는 것임을 잘 알고 있는 당사자는 모든 것을 체념하고 죽음을 받아들이는 것이다.

그런데 아무런 잘못한 것도 없고 죄지은 것도 없으며 단지 빼어나게 잘생기고 웅장하고 단단하여 오랜 세월을 변함없이 지탱한다는 이유로 어명을 받아, 몸뚱이가 밑동부터 잘려나가는 가련한 신세가 있으니 바로 금강소나무다.

금강소나무는 춘양목이라고도 부르며, 재질이 단단하고 잘 썩지 않으며 벌레가 잘 생기지도 않고 갈라지거나 휘어지거나 뒤틀리지도 않아, 옛날부터 궁궐이나 사찰을 짓는데 사용해 왔다. 그중에서도 소나무의 고장 강원도 강릉 일대의 금강소나무는 결이 고와 으뜸으로 친다.

대관령 중턱에 있는 '어명 받은 소나무길' 의 금강소나무들은 옛날부터 수시로 어명을 받아 베어져 나간 역사를 가지고 있는데, 2007년 11월 29일에도 경복궁의 복원을 위하여 교지를 받고, 금부도사의 "어명이오!" 외침과 함께 베어져 경복궁의 대들보와 기둥이 되었고, 잘려나간 금강소나무 그루터기 위엔 소나무의 영혼을 달래고 그 업적을 기리기 위한

'어명정' 이 세워졌다. 인근에 있는 준경묘 숲 금강소나무도 국보 1호 숭례문과 광화문의 복원을 위해 2008년 12월 10일 대들보와 기둥용으로 20여 그루나 베어졌다. 이 역시 어명을 받았기 때문이다.

문화재청과 산림청 관계자는 금부도사가 되어 소나무를 베어가는 어명을 집행한다.

'모난 돌이 정 맞는다' 지만 잘난 소나무는 도끼를 맞는다. 궁궐이나 사찰의 기둥은 곧고 굵고 매끈하게 잘생겨야 하고, 무거운 무게를 견뎌내야 하기 때문에 지름이 90cm이상은 되어야 하며 강한 재질이어야 하는데 여기에 적합한 재목은 강릉 대관령 금강소나무가 제일이다.

강릉은 역시 소문난 '제일강산 · 솔향강릉' 고을답게 울창한 소나무 숲과 명품송이 자랑이다. 산과 바다와 호수, 그곳에 소나무가 어우러져 이루는 그 풍광을 어찌 글로 다 표현하리. 세계적 저탄소 녹색시범도시 최적지로 선정되었음이 이를 대변하고 있지 않은가.

'호랑이는 죽어서 가죽을 남기고 사람은 죽어서 이름을 남긴다' 했던가. 금강소나무는 죽어서 명품을 남긴다. 오래된 고궁이나 명 사찰 목조건축물들이 모두 금강소나무로 건축되었음이 이를 말해준다. 주목을 가리켜 '생천사천生千死千' 이라고 말한다지만 금강소나무는 생천생천이라고 말해야 옳을 것 같다. 산에서 천년, 명품으로 천 년 이상을 살기 때문에 죽어도 죽은 것이 아니다.

그러나 마음 한구석엔 어쩐지 안타깝고 서운한 마음을 금할 길 없다. 명품 건축물이 만들어지는 건 분명 좋은 일이지만 백년 또는 수백 년 묵은 명품송이 사라지니 이를 어쩌나. 우리나라 소나무들은 일제강점기에 침략자들에 의해 마구 수탈되어 수형목秀形木은 거의 다 없어지고 온전히 남겨진 금강소나무가 얼마 남지도 않았는데……. 명품 건축물이 더 가치가 있는 건지 수백 년 묵은 살아있는 명품송이 더 가치가 있는 것인지는, 각자의 가치관에 따라 다를 수 있지 않을까?

그러나 어찌하랴 어명이 내려지면 충성을 다해 따를 수밖에 없는 것을……. 충북 보은군의 정이품송은 임금의 행차에 스스로 가지를 들어 연이 무사히 지나가도록 신하의 예를 갖추어 정이품 벼슬까지 하사받았으니, 이처럼 금강소나무의 충심은 이미 역사에 길이 남아있지 않은가.

어명을 받은 금강소나무는 사배는 할 수 없으나 베어지는 순간 천천히 쓰러지며 온몸을 다해 임금님께 한번 절하고, 나라의 부름에 따라 명품으로 다시 태어나기 위해 대목장의 손에 넘겨져, 수많은 다듬질과 정교한 마름질과 혼신을 다하는 조각공정을 거친다. 그리고 명품으로 다시 태어나지만, 방화로 불타버린 대한민국 국보 1호 숭례문이 말해주듯 우리는 명품을 아끼고 지킬 줄 모른다. 그러니 어명 받은 금강소나무의 마음이 어떠할까.

한해살이 농작물도 음악을 들려주면 잘 자라고 수확이 늘어난다는데, 하물며 어명을 받는 지체 높은 위치로써 품위를 잃지 않고 수신修身하며, 수백 년을 올곧게 살아온 금강소나무가 자신의 장래를 모를 리 있겠는가. "연이 걸린다."는 세조의 옥음에 스스로 가지를 들어 올려 임금의 행차를 도운 공으로, 정이품 벼슬을 한 지체 높은 사대부 소나무가家의 족보 집안인데…….

십장생의 하나인 소나무는 혹한과 폭설과 모진 강풍을 이겨내고 만고에 푸르며, 장엄한 모습으로 굳은 의지와 곧은 절개를 상징하여 애국가에도 등장하는 우리 민족의 나무이다.

지금도 언젠간 자신에게 다가올지도 모를 어명을 기다리며, 몸단장 정결히 하고 대관령 기슭을 묵묵히 지키고 있는 금강소나무를 볼 때면, 충심으로 가득한 올곧은 선비를 보는 듯하다. 대관령 금강소나무 숲은, 차라리 부러질지언정 절대로 구부러지지 않는다는 선비를 쏙 빼닮은 소나무들이 모여, 전설을 품고 오랜 세월 평화롭게 살고 있는 아름다운 소나무

마을이다.

이 소나무마을에 다시 금부도사가 찾아오면 나라에 크게 할 일 생겨 대통령이 보낸 것이니, 어명 받은 금강소나무는 명품으로 다시 태어나 대한민국과 함께 천추만세 길이길이 영원히 빛날지어다. 금강소나무여 영원불멸 하라!

대관령 금강소나무 숲은, 차라리
부러질지언정 절대로 구부러지지 않는다는
선비를 쏙 빼닮은 소나무들이 모여, 전설을
품고 오랜 세월 평화롭게 살고 있는
아름다운 소나무마을이다.

정철교

강원 강릉 출생, 「문파문학」수필 부문 신인상 수상으로 등단, 한국문인협회, 문파문학회, 백교문학회 회원, 저서: 수필집 『물처럼 바람처럼』, 『두루미 좇아보는 소계小溪생각』

지켜줌으로 지켜지는 것들

최필녀

대관령휴양림의 밤이다. 어둠 속 계곡으로 흐르는 물소리가 숲속을 가득히 채운다. 수필의 날 행사로 모인 곳은 신사임당이 태어나고 자란 강릉이다. 그 중에도 우리가 짐을 푼 곳은 사임당의 한시에도 나오는 대관령 산자락 휴양림이다. 지금은 고속도로가 뚫렸지만 옛날은 아흔아홉 굽이 돌아넘는 대관령이었다. 사임당 한시 「대관령을 넘으며 친정을 바라본다」에는 늙으신 어머님을 고향에 두고 '외로이 서울로 가는 이 마음 돌아보니 북촌은 아득한데 흰 구름만 저 산을 날아 내리네.' 라고 했다.

대관령 고개 밑 휴양림에서 한 방을 쓰게 된 네 사람은 잠자리에 누우려다 같은 마음이 되어 밖으로 나왔다. 수령이 이 삼백 년 되었다는 소나무 숲은 어둠 가운데서도 희미하게 열려 있는 길이 생각과 행동을 자유로워지게 한다. 마치 나를 얽매고 있던 끈들이 모두 풀어지듯 홀가분함이 나를 주체 할 수 없게 만든다. 숙소에서 멀어질수록 불빛은 더 희미해지고 물소리는 점점 커진다.

물소리가 폭포소리 같이 들리는 곳에 일행은 자리를 잡고 앉는다. 어둠 속에서 소리치는 물소리와 숲속 밤공기가 순간 두려움으로 다가온다. 옛날 동화책 속의 혹부리 영감 생각이 났다. 두려움을 잊기 위해 노래를 불렀다는 이야기. 우리도 엄습해오는 두려움을 밀어내듯 너도나도 노래를 부르기 시작했다. 생각나는 대로 부르는 노래는 다 미완성이다. 까먹은 가사들을 다시 기억해내며 한참을 더 불렀다. 동화책에선 이때쯤 나타났던 도깨비는 오지 않았다. 다만 두렵게 느껴지던 물소리가 부르는 노래와 화음을 이루어 갔다. 그러고도 끝이 없는 이야기로 늦은 시간에야 숙소로 돌아와 잠자리에 들었다. 문틈으로 들려오는 물소리는 이제는 자장가가 된다.

대관령휴양림의 맑은 공기는 하룻밤으로도 피곤함을 말끔히 씻어 내기에 넉넉했다. 이른 아침 바라 본 바깥 풍경은 베일에 쌓여있는 듯 숲은 신비롭기만 하다. 밤을 지낸 소나무 숲의 의식 행위처럼 안개가 걷히고 솔잎 사이로 눈부신 햇살이 퍼져온다. 풀섶 꽃들이 마알간 얼굴을 보일 때쯤 계곡물은 소리를 낮춘다. 쉼 없이 흐르는 물 옆에 드러난 크고 작은 돌은 모난 것 없이 둥글다. 더 가까이서 살펴보자 흐르는 물은 쉼 없이 바위들을 어루만지고 쓰다듬으며 지나간다.

행여 굴러 떨어진 모난 돌이 길을 막을지라도 물은 슬그머니 돌아서 또 다른 길을 만들어 흐를 것이다. 지금은 거칠기만 한 저 돌멩이도 둥글어질 것은 거친 것도 부드럽게 만드는 물의 힘 때문이다. 지난밤 소리치듯 흐르던 물소리는 먼 산 어둠 속 나무에게 불러주는 노래였을 것만 같다.

대관령휴양림의 맑은 계곡은 소나무가 지켜주고 계곡물은 나무들을 키워간다. 지켜줌으로 서로를 지켜가는 것들, 그래서 깊은 숲 계곡물은 마르거나 넘치지 않고 물가의 나무는 더 푸를 수 있는 것 같다. 물은 무심히 흐르기만 하는 것이 아니다. 모난 것을 다듬어 둥글게 하고 계곡을 지켜가는 나무를 키워낸다.

계곡물에 내 삶을 가만히 비추어 본다. 주는 것에 인색하기만 하지 않았는지, 거친 것에도 부드럽게 다가가 본 적 있는지. 보이지 않는 곳에서 뿌리로 엉켜 지켜내고 키워가는 것, 우리 삶도 그렇게 되어야 하는 것을. 내가 지켜가고 나를 지켜주는 것들을 헤아려 본다.

신사임당의 고장 강릉에서 경포바다와 모래사장, 호수와 수양버들 소나무숲과 계곡의 아름다운 조화를 보았다. 우리나라 최초 자연 휴양림이면서 전국 3대 미림 금강송 솔향이 강릉의 향기로 남는다. 솔향 가득한 강릉은 신사임당의 후손들을 키워가고 사임당은 여전히 강릉을 키워 가는 것을 본다.

계곡물에 내 삶을 가만히 비추어 본다.

보이지 않는 곳에서 뿌리로 엉켜 지켜내고
키워가는 것,

우리 삶도 그렇게 되어야 하는 것을.

최필녀

2010년 「한국수필」신인상 당선으로 등단, 한국수필가협회, 한국수필작가회, 솔샘문학회 회원,
E-mail : cpn55@hanmail.net

지리산을 주마간산하는 까닭

허창옥

지리산을 몇 번이나 갔다. 하동을 지나가게 되면 소설 『토지』의 인물들을 생각하고, 화개장터에 이르면 자동차에서 내려서 이것저것 구경삼아 둘러보곤 한다. 삶은 옥수수를 사서 뜯어먹고 말린 산나물을 봉지봉지 사는가하면 사지도 않으면서 공연히 값만 물어보며 어정거리기도 한다. 농기구 벼르는 가게에서 호미 한 자루를 살까 하다가 그것이 금방 나온 '시퍼런' 것이어서, 옛날 우리 집 헛간에 아무렇게나 던져져 있던 그 호미 같지가 않아서 돌아서다가 갑자기 그 헛간이 눈앞에서 뿌옇게 뭉개지던 날도 있었다.

산으로 접어들 때 마다 나는 소설 『태백산맥』을 되짚는다. 저 산 깊은 곳 어디쯤에서 염상진, 정하섭, 하대치들이 민족의 비극을 짊어지고 숨죽이며 지내다가 다시는 마을로 돌아오지 못한 채 죽어갔으리라. 소설 속의 인물들은 언제나 내게 허구가 되지 못하고 실재實在로 다가오며 가슴 저리게 한다.

자주 지리산이 그립다. 험준한 산새와 깊은 계곡을 옮기듯 묘사할 재주는 내게 있지 않다. 다만 기막히게 아름다워서 가슴 먹먹해지고 마침내 슬픔에 이르는 감정의 물결을 느끼고 싶어서 나는 지리산으로 간다. 가기는 하되 안 간 것이나 마찬가지다. 내 시간은 짧고 지리산은 너무 깊고 크고 길다. 갈 적마다 장님 코끼리 만지듯 하고 만다.

어느 때는 산청의 계곡에 발만 담그고, 어느 날은 쌍계사 십리길만 다녀오고, 또 다른 날은 노고단 초입에서 숨을 몰아쉬다 돌아오거나 달궁에서 파전 한 접시 먹고 온다. 실상사 연곡사 뱀사골은 아직 가지 못했다. 가본 곳도 대개 단편적인 영상으로 남아서 산이 품고 있는 전체 모습을 도저히 가늠하지 못한다. 그래도 꼭 하고 마는 것이 있으니 횡단이다. 지리산을 동에서 서로 관통하는 도로를 자동차로 천천히 아주 천천히 지나간다. 그것이 내게는 지리산 횡단이다. 횡단을 함으로써 지리산을 다 보았다고 스스로 인정하는 것이다. 아무리 그렇게 생각해도 구석구석 정들도록 오래 머물지 못해서 지리산은 언제나 내게 미지의 산으로 남아있다. 그래서 가야할 까닭은 결코 없어지지 않는다.

그 미지의 산을 며칠 전에 또 다녀왔다. 초여름의 투명하게 부서지는 빛살 아래 무더기무더기 하얗게 핀 들찔레에 눈을 주다가 황금빛으로 일렁이는 보리밭을 지났다. 찔레가 무리지어 핀 것, 금물결 치는 보리밭을 참으로 오랜만에 보았다. 섬진강은 언제보아도 유정하다. 그 유정한 강물을 하염없이 내다보다가 문득 일면식도 없는 섬진강 시인을 생각해내고는 그의 길고도 긴 시 '그 여자네 집' 을 떠오른 대로 순서도 없이 주절주절 읊었다. '가을이면 은행나무 은행잎이 노랗게 물드는 집/마당에 햇살이 노란 집/ 그 여자가 열아홉까지 살던 집/ 그 여자/ 아버지와 그 여자/ 큰오빠가 하루 종일 노랗게 지붕을 이는 집…….'

시인의 그 여자가 불현듯 내게 사무쳐서 친구에게 문자

를 보냈다. '지리산을 주마간산 할 것 같다.' 답이 오기를 '주마간산에서 뜻밖의 수확을.' 수확이란 글감이다. 글쟁이들은 그렇다. 어디를 가든 글 이삭을 주워오겠다고 연필자루를 거머쥐고 나선다. 글쓰기에 문외한인 내 친구들은 어떤 아름다운 풍경을 보면 일터에 있는 내게 말한다. 니가 그걸 보았어야 하는 건데. 그런 말을 하는 친구가 부럽다. 내가 못 본 절경을 보았기 때문이 아니라 그렇듯 순하게 경탄만을 하고 만족하니까. 나라고 아름다움을 환호하지 않겠는가. 하지만 그것만으로는 뭔가 손해를 본 것 같은 느낌을 지울 수 없다는데 문제가 있다.

나보다 눈이 깊고 가슴이 두터워서, 내가 놓친 것을 보고 느끼지 못한 것을 담아서 빛나는 문장으로 엮어내는 이가 얼마나 많은데, 나는 기어코 그대로 두면 더 아름다울 산야에 싸구려 크레용으로 덧칠을 하는 수고를 하고야 만다. 이 글도 바로 그 헛된 수고의 산물이다.

나는 또 어김없이 지리산을 주마간산했다. 그 주마간산에서 얻은 확실한 수확은 말 그대로 주마간산이었기 때문에 또 가야할 구실을 챙긴 것이다. 나로서는 도무지 어찌하지 못할 깊디깊은 그리움이 거기 그 산에 살고 있는 것이다.

나는 기어코 그대로 두면 더
아름다울 산야에 싸구려 크레용으로
덧칠을 하는 수고를 하고야만다.

허창옥

대구가톨릭대학교 약학과 졸업, 한국문협, 수필문우회, 대구수필가협회, 대구가톨릭문인회 회원, 저서 : 『말로 다 할 수 있다면』, 『길』, 『먼 곳 또는 섬』, 『국화꽃 피다』, 수필선집 『세월』

겨울나무

홍억선

어느 여류 작가가 보내온 안부 편지에 '겨울나무' 라는 제목이 붙어 있었다. 열 줄 남짓한 본문에는 이런저런 덕담만 눈에 띌 뿐 어디에도 나무에 대한 이야기는 없었다.

소심한 나는 궁금해지기 시작하였다. 굳이 별난 제목을

붙인 까닭이 무엇일까? 어쩌면 창밖을 내다보다가 무심히 옮겨 놓았을지도 모를 그 나무 한 그루를 두고 나는 그분의 섬세한 서정에 기대어 오랜 생각에 잠겼다. 가녀린 나목처럼 내가 그렇게 춥게 보였단 말인가? 나는 스스로 부끄러움에 갇혀 얼굴이 붉어졌다.

내세울 것 없는 외모에 기름지지 못한 얼굴, 중년을 지나면서 더욱 까칠해 진 몸짓이 돌아볼수록 민망했다. 하지만 편지를 보낸 사람이 삶의 외형만을 꼬집어 남을 부끄럽게 하는 분이 아닐 거라는 생각에 고개를 저었다. 혹시 새해 벽두에다 어젯밤에는 눈발마저 분분하게 흩날렸으니 어느 시 한 구절을 떠올린 것은 아닐까?

'겨울나무와 바람/ 바람들은 투명한 빨래처럼/ 하루 종일 나뭇가지 끝에 걸려/나무도 바람도/ 혼자가 아닌 게 된다// 혼자는 아니다/ 누구도 혼자는 아니다'

그럴지도 모르겠다. 지난 연말, 어느 모임에서 그분과 비로소 자리를 함께 했었다. 그날도 좌중은 깊은 매너리즘에 끌려 지향점 없이 허우적거렸고 나는 어쭙잖은 단견으로 고집을 부렸다. 나의 고집은 늘 이길 수 없는 다수를 만나 오기傲氣로 전락했다. 오기는 더 많은 저항을 만들고, 그럴 때마다 나는 나의 미약함이 분하게 느껴졌다.

나의 감각은 왜 이렇게 우둔한 것일까. 나의 눈은 왜 먼 곳에 어두운 것일까. 나의 코는 왜 향기로움에 인색한 것일까. 나의 입은 왜 낮은 소리에 익숙하지 못한 것일까. 나의 다리는 왜 이렇게 짧아 걸음을 더디게 하는 것일까. 그리하여 집으로 돌아오는 길은 한없이 쓸쓸할 수밖에 없었다. 그런 나의 모습이 그 분에게 무척 측은하게 보였을지도 모르겠다.

그분을 떠나 나에게 다가온 메시지는 나무에 걸린 바람처럼 나의 남루한 어깨를 감싸 안았다. 나는 쓸쓸하여 바람에 쉽게 감동하여 온 겨우내 그 감동을 품고 사색에 잠겼다. 사색은 굳었던 몸을 녹이고 막혔던 체관과 물관에 온기를 흐르게 하였으며, 딛고 선 발밑으로 스며들어 튼튼한 구근球根을 이루어 나갔다. 나의 허전한 몸에는 푸른 움이 돋기 시작하였고, 팔과 다리에는 새로운 힘줄이 꿈틀거렸다. 나는 나의 새로움에 신기해하면서 이길 수 없었던 다수를 즐겼고, 거대한 상대 앞에서도 바람 소리를 낼 수 있게 되었다. 어느새 나는 짙은 숲속에서도 강건하게 버틸 수 있는 여유를 가졌다.

겨울이 저만치 멀어져 가면서 못내 그분이 그리워졌다. 또한 그분의 쓸쓸함을 생각했다. 한 때의 쓸쓸한 헐벗음을 견디어 낸 자만이 고독한 나뭇가지에 따뜻한 바람으로 걸릴 수 있기 때문이다. 나는 힘껏 발꿈치를 들어 그분의 자리를 건너다보았다. 그곳에는 서둘러 봄을 맞은 나무가 푸른 잎을 흔들고 있었다.

나의 허전한 몸에는 푸른 움이
돋기 시작하였고, 팔과 다리에는
새로운 힘줄이 꿈틀거렸다.

어느새 나는 짙은 숲속에서도
강건하게 버틸 수 있는 여유를 가졌다.

홍억선

영남대학교 국어국문학과 박사과정 수료(수필학 전공), 한국문인협회 회원, 대구수필가 협회장, 계간 「수필세계」 주간

[숲]

초판 발행 2011년 10월 31일

지은이 윤재천, 정목일, 지연희 외
펴낸이 안창현
펴낸곳 코드미디어

북 디자인 Micky Ahn
편집디자인 장민서
교정 교열 황기도, 박동경

등록 2001년 3월 7일
등록번호 제 25100-2001-5호
주소 서울시 은평구 갈현1동 419-19 1층
전화 02-6326-1402
팩스 02-388-1302
전자우편 codmedia@codmedia.com

ISBN 978-89-94178-32-5-03810

정가 12,000원